青春不拷贝

——再现追梦少年的成长路

尘衣 著

北京出版集团公司

北京出版社

图书在版编目（CIP）数据

青春不拷贝：再现追梦少年的成长路／尘衣著. —
北京：北京出版社，2016.4
ISBN 978-7-200-11890-2

Ⅰ. ①青… Ⅱ. ①尘… Ⅲ. ①中学生—先进事迹—中
国 Ⅳ. ①K828. 4

中国版本图书馆CIP数据核字（2016）第012994号

青春不拷贝

——再现追梦少年的成长路

QINGCHUN BU KAOBEI

尘衣 著

出　　版　北京出版集团公司
　　　　　北 京 出 版 社
地　　址　北京北三环中路6号
邮　　编　100120
网　　址　www. bph. com. cn
总 发 行　北京出版集团公司
经　　销　新华书店
印　　刷　北京画中画印刷有限公司
版　　次　2016年4月第1版　2016年4月第1次印刷
开　　本　787毫米×1092毫米　1/16
印　　数　1—20000册
印　　张　15.75
字　　数　190千字
书　　号　ISBN 978-7-200-11890-2
定　　价　32.00元
质量监督电话　010-58572393
责任编辑电话　010-58572757

"这一站，青春"编委会

主　编：熊名辉

副主编：何宗焕　任理勇

☆　40多位各界青少年翘楚的成功范例

☆　数位名人联名推荐的绝妙好书

☆　励志的最佳榜样

☆　亲子共读的首选图书

☆　师生交流的优秀范本

☆　此书甘愿成为你成功的急先锋

☆　适用于对前路有良好愿望的青少年

☆　类似《哈佛女孩》等书，却更丰富多彩

☆　内容更丰富，视野更开阔，影响更深远

谨以此书献给
所有不曾辜负青春盛宴的人

成功真的有捷径吗？

翻开此书，听多位曾经在国际国内取得硕果的青少年为你讲述他们的成功心得。不管现在身在哈佛、牛津，还是清华、北大；不管是男生，还是女生；不管是从事科学研究，还是影视表演、音乐、绘画、文学……我相信，他们都会向你毫无保留地展示自己。向榜样学习，但绝不照搬，你应该有自己独特的生活模式。从他们身上，相信你会找到自己成功的最佳切入点，从而踏上人生的巅峰。

本书内容集趣味性、可读性、知识性于一体，客观展示，以事实说话，让读者心灵深处产生强烈震撼，从而受到启迪。

本书由青少年刊物知名记者、编辑、作家、青少年问题研究专家、青少年的贴心朋友尘衣花费几年的心血创作而成。在文末以"一语道破"的方式进行点评，以别出心裁的方式和你愉快地共度奇妙的成长岁月和安静的阅读时光。

本书一个显著的亮点在于，文章注明与主人公遇见的时间，并说明主人公的生活现状，时间跨度长，对主人公的成长轨迹进行前后对比，让读者有一个一目了然的清晰参照。

在书中，尘衣以她独特的视角，为你讲述多位少年的成功故事，内容涉及文学创作、舞蹈、音乐、美术、乐器演奏或手工制作等方方面面。其中文学新人有刘冬阳（江苏）、邹琳（山东）等，体育新人有张娉（湖南）、健美三小花（湖南）等，音乐新人有黄熙殷（深圳）、欧阳薇（湖南）等，"奥赛"新人有骆绎（湖南）等。这些曾经的少年，现在都已成为青年。经回访或跟踪关注发现，他们后来的努力各不相同，际遇也各不相同——有的已在专业上有所建树；有的成为风云人物，有的在自己的岗位上默默奉献；有的已为人父、为人母，享受着最平凡的幸福；有的已然联系不上；有的因个人需要而采用化名……

本书图文并茂，是你自我完善的心灵牧场、亲子共读的首选图书、师生交流的优秀范本。它的精妙，在于无论你是何种身份，都会让你有所获益。

本书令你爱不释手的原因在于：真实、活泼、可读、实用。

不必羡慕他们身怀绝技，只要努力，你同样可以崭露头角，跻身翘楚之列！

C O N T E N T S 目录

第一部分

文学是驱除黑暗、点亮光明的火炬，照我们前行。

第二部分

艺术使我们的心灵
变得通透明亮，时时拔节。

第三部分

体育是一种精神，
让我们柔软的心充满力量。

第一部分

文学

文学是驱除黑暗、
点亮光明的火炬,
照我们前行。

时间里游走的鱼

何越（化名），网名浅浅的回忆，1987年出生于英雄城市江西南昌。她是一位以写作为乐的女孩。

点击阅读

一次偶然的机会，我在一家文学性网站浏览时，无意中发现了一个毫不张扬的名字——"浅浅的回忆"。于是，我点击这个名字的"个人中心"，发现这是个小女孩，是该网站某个学生论坛的"斑竹"，也就是版主。然后，我去查看了一下她所发表的论题。的确，这是一位有些不同凡响的女孩。于是，我不由自主地喜欢上了这个字里行间充满了灵性的女孩，开始了对她的网上采访。

母亲是文学的引路人

尘衣： 你好！我看过你发表在这儿的所有文章，可以和你谈谈吗？

浅浅的回忆： 你好！可以呀。

尘衣： 介绍一下你自己？

浅浅的回忆： 浅浅的回忆，名何越，女，白天性格开朗善言，黑夜忧郁刁钻。喜欢写字、游戏、看书。要好的朋友会唤我"精灵",是夜里的性格。喜爱结交比自己大很多的朋友,会千里迢迢地跑去看望一个投缘的朋友。阴晴不定的性格尤为明显,表现在文风上就是极不统一。

希望长大,希望成熟,可以笑着面对很多人,不再被人唤作"小丫头"。

尘衣:你是从何时开始对文学产生兴趣的?对你这方面影响最大的人是谁?

何越:一直感谢母亲,她告诉我,我3岁时就能看《西游记》,4岁能看《红楼梦》。而我的记忆,也是从那时开始的。从此,我对文学的兴趣一发而不可收。可惜天生不事张扬,无论写了什么都不想告诉别人或是发表。

尘衣:你的处女作是什么时候发表的?此后又有哪些作品发表在哪些媒体上?

何越:上初一时被母亲催着寄了一篇关于初三生活的文章给某中学生博览杂志的都市版,一投即中,母亲笑我从此可以买彩票。只不过我的活动范围太小,看的杂志多是《读者》《读书》《科幻世界》之类,适应那些杂志的东西不多。反而是报纸上发表的文字比较多,比如《汕头都市报》《汕头特区报》《南昌晚报》《广州日报》等。经常会有编辑来信、来电约稿,或邀请我当特约小记者。为了锻炼自己的能力,我便经常接一些这样的任务。《2001年中学生最佳作文》系列丛书的"小说散文"中收录了我的几篇文章,算是第一本书吧。自以为出名不必太早,况且文字不够熟练,因此,有朋友相约出书也推掉了。"狐朋狗友社区"网站是我为之出力的网站,该网站于2002年12月出版的"狐朋狗友"系列丛书之一——"FD丛书"中收录了我的几篇文章。在学校里,唯一可以主动听讲的课是语文,考试轻松地拿第一、第二。只参加过华东六省一市作文竞赛，当时老师拿了我的一篇比较像样的作文寄了过去，竟获得一等奖。

尘衣： 有媒体对你做过报道吗？

何越： 有。因为我只喜欢在文学网站上活动，所以，很多编辑和记者都是在同一个网络社区活动中知道我后对我进行报道的。报道过我的有《大众软件》和《新空间》等。

有自己的文学主张

尘衣： 已创作的作品都有收集吗？说说你对文学创作的看法，好吗？

何越： 有。自己大部分文字，比如小说《暖风季节》《那些时间与你有关》以及其他几个长篇，还有一些诗歌散文等都存放在自己的个人主页里。因为学习太忙，已经很久没有好好地管理，最近几篇文字也没有放进去。所有的作品中，我自己最喜欢的是《那些时间与你有关》——有爱，有无奈，有离别。一直很追求哀而不伤的境界。感谢网络，教会了我轻松地写自己的文字。感谢我的朋友，是他们教会我怎样写自己的生活。

我写文字大多是为了自娱，或者娱友，然后在不断的自我阅读和朋友的指点下得到提高。一向认为，能让人的心灵产生共鸣的文字才是好文字，所以不排斥亦舒、三毛、张爱玲、杜拉斯和陈丹燕。另外，比较喜爱的还有村上春树、柯南·道尔、阿加莎·克里斯蒂、卡夫卡，当然还有《哈利·波特》的作者J. K. 罗琳。

尘衣： 看来你已经有自己的文学主张了。文学这条路，今后你会怎样走下去呢？

何越：小时候立志做一位政界或科学界名人，后来希望成为一名作家，现在则希望可以顺利地完成母亲的希望，考一所好的大学，争取读文学博士研究生，自由地写自己喜爱的文字，能够快乐满足就好。无论如何，文学与生活的发展不是我简单地能去想象的，凡事尽力就好。

采访结束，有与"鱼"对话的感觉。是的，鱼，一条用自由的文字在时间里游走的鱼。同时，我也默默地祝福：这条可爱的鱼，在游走的时候，一定要不断地锻炼自己的意志和毅力，长大后才能真正自由自在地在文学这烟波浩渺的海洋中尽情游弋。

一语道破

看着与听着，就是暖暖的人，写暖暖的文字。同样，也愿有个暖暖的结局。

遇见：2002年9月

后续

"曾经想做了不起的文字工作者，现在是个律师。"这是何越自己的话。

北京某剧场，话剧中的男主人公有这样一句台词："20岁的时候，觉得自己真牛，全世界就我最牛，但现在，才发现自己当年那是傻。"坐在台下的何越听了，暗想："哥们儿，你现在才认清这个事实吗？那我比你要早清醒太多了。"

在北京某律师事务所，何越主要做IPO（首次公开募股）业务。和几个新员工一起"承包"了公司的年会，从采购、节目安排到流程都建立了专门的Excel表格，标明进度，很有律师的职业风格。她自己都不相信，她能从事这么一份正常且靠谱的工作，她很得意于客户对她的评价。老师和同学眼中"天生就是为了中文系而生"的她，高考失利，没有进入自己心目中最"阳春白雪"的第一志愿专业——复旦中文系，而是考取了中国政法大学，来到北京。她给自己贴了个标签：学法律的人里文章写得最好的，写文章的人里最懂法律的。

现在，从外表看，软软的长发直到腰际，何越是典型的文艺女青年模样。

她去过报社工作，第一篇稿子是奥运会特刊的人物报道，采访一家酒吧的老板。"采访对象那么有趣，我却写出一篇非常平庸的稿子，我对自己失望极了。"这篇稿子让她慌了神：它像一把利刃，刺破了何越自以为是之下包裹着的某种现实——她有一定的天赋，但这点能量不足以让她在传媒这个行业里一鸣惊人。这是她对自己的判断。她当然喜欢写作，但希望写出的是100分，一个70分的平庸作品不是她想要的。

于是，她去某律师事务所面试。最后得到的结果，是其中之一的面试官给她的一句评价：我觉得你更适合当记者。这一年，是2008年。

她不服，决定回头报考本专业的研究生。

两年后，她又站在同一家律师事务所相同的几位面试官面前。

仍然是先前那位面试官，告诉她："你花了两年时间从一个点努力走到另一个点，我们觉得应该给你一个机会。"

最近，何越下班之后承担起了一项额外工作——陪客户打"三国杀"。已经成为职场"白骨精"的何越，同样不能比别人更透彻地理解一个横在工作与生活之间的命题：拥有自己的生活，是否是重要的事？

"小灵狐"，仗剑而来

邹琳，女，1989年12月出生，曾就读于山东省胜利油田第一中学。她爱好广泛，音乐、舞蹈、美术均有涉猎，曾获全国艺术新人选拔赛山东赛区少年组金奖；最喜爱文学，特别是武侠小说的阅读与创作。9岁开始涂鸦，已经出版的作品有武侠小说《少年英侠》（上、下集）、《踏莎行》、《蝶舞花飞》、《倩侠问案》与校园小说《五班的故事》等，其中《蝶舞花飞》曾于某报连载。2003年10月，获"中国少年作家杯"作文比赛一等奖。亚洲卫视、凤凰卫视、香港电台等多家媒体对其做了专访。

点击阅读

几经周折，终于找到了这位人称"小侠女"的邹琳。刚见面，她便做了一番调皮的自我介绍：

"邹姓女子，小字为琳。貌似温良，实则状若男孩，桀骜不驯。幼习乐舞、琴箫、诗画云云，长则酷爱读书，每日无书不欢，终日浸淫其中。4年写作之路，有3年与武侠为伍，虽创作有《少年英侠》与《踏莎行》等，然兴致不减。甚而常盼舞刀弄剑，开口便'久仰久仰''见谅见谅'，犹如江湖侠女。"

嗬，寥寥数语，一个"小侠女"的形象已是跃然而出。

紫色梦幻：邹琳的武侠情缘

邹琳很小的时候就颇尚"武"，除了喜欢爬树、捉鱼外，更"擅长"打架，还会无缘无故地欺负男孩子。因此，她常常被爸爸关在小房间里面壁思过，强制进行"武道终极修行"。

上小学四年级时，受一位叔叔无意之中的"教唆"，邹琳借来了著名武侠小说家金庸的著作《倚天屠龙记》，于是，"一看之下如被丘比特之箭射中，从此上了'武侠'这条'贼船'，再也下不来了"。这年的暑假是邹琳"中毒"最深的时候。当时邹琳所在的城市正遭洪水围困，她却一点儿也不怕，天天撩着裙子穿街过巷，涉水步行到书店去看武侠小说。一个暑假下来，邹琳看完了8部长篇武侠小说。

妈妈看到邹琳对武侠小说如此痴迷，便送给她一套《金庸全集》作为生日礼物。在邹琳眼里，这是她自出生以来所收到的最好的礼物。可惜因为上学，不能再像放假时一样沉迷其中。于是每天晚上，邹琳会在爸爸妈妈都熟睡以后再爬起来偷偷阅读。这时的她，几乎就生活在武侠小说那紫色的梦幻里。每每看到大侠惩恶扬善或有情人破镜重圆，顾不上正是午夜时分，邹琳会躲在被窝里拍腿大笑；看到李文秀远走他乡，萧峰自杀身亡，岳灵珊最后一次唱着采茶山歌时，竟忍不住呜呜咽咽地哭出声来。"此时若有人听到漆黑的屋中似歌似哭、似笑似狂的声音，不惊个半死才怪。"邹琳的言语中透着调皮与沾沾自喜。

就这样，才上完小学四年级，邹琳已经读完金庸、古龙及梁羽生等几位前辈的全部武侠小说。

金色成长——邹琳的武侠创作

邹琳将能搜罗到的武侠小说全部看完以后，便天天盼着武侠小说家们新书的问世。可是最终，她得知金庸已封笔多年，古龙英年早逝，梁羽生身在国外，她想，看来是等不到了。

其时，邹琳已经爱上武侠小说而难以自拔，她简直不敢想象没有它的日子该如何过下去。于是，这个古灵精怪的小姑娘开始萌发了"自己写小说给自己看"的念头。就是这样一个念头，引发了邹琳日后一发而不可收的小说创作。

邹琳写小说还有另一个原因，就是她想把自己与所熟知的人都写进小说里去，将现实里无法实现的东西用小说的形式来"一一实现"。她说："在小说中，我就是主宰一切的上帝，我可以让小说里的人物具有我们灵魂中所难以具有的鲜活。"

第一部小说《少年英侠》就这样轻轻松松地开始了，一个个白衣如雪的少侠与明眸皓齿的少女出场了，形形色色的人物浮现出来。写到最后，邹琳愕然发现，故事已经复杂得让她无法控制。这时候的邹琳就像一个功力不够的习武者，看着一切噩梦的发生，却束手无策。她写到某个自己所喜欢的人物不得不"死"的时候，常常会心如刀割，有时半夜也会醒来，哭得泪人儿似的——一部小说由开头的欢声笑语逐渐演变为一片愁云惨雾、刀光剑影……最后，她终于费尽力气让两个主角好好地活着，而且生活得幸福美满，这大概是唯一让她感到不再悲凄的地方。2002年12月，这部由邹琳历时10个月完成的26万字的长篇武侠小说由香港某出版社正式出版。这一年，她才11岁。

邹琳又开始了第二部小说《踏莎行》的创作。这一次，她汲取教训，完全以喜剧的形式来给这部小说定位。"可惜最后没有控制住，还是'死'了一个人。"说这句话时，邹琳的惋惜之情仍然溢于言表。2002年暑假，邹琳完成了这部12万字的长篇武侠小说，于当年11月正式出版。北京大学教授严家炎、刘永强及著名武侠小说评论家陈墨都给她的小说写了书评，给予了较高的评价。

总之，邹琳写武侠小说差不多是率性而为。这让她感到很辛苦，却也很开心，因为每多写一点儿字，她的文字表达能力就有不同程度的提高，思想也越来越有深度。这些对于她来说，都是金色的沉甸甸的收获。

多色收获——邹琳的武侠感受

用"多色"而不用"彩色"来形容邹琳现在的感受，是因为她觉得自己的感受是各种各样的，各种"色彩"都有。

除了对武侠小说阅读与创作的热爱，邹琳对音乐、美术与体育也很喜欢。2001年，她参加"金锣杯"全国歌手大赛，获本市预赛第一名，后因临近期中考试而不得不放弃了决赛。2002年，她参加全国艺术新人选拔大赛，获山东省少年组金奖、全国铜奖。

2003年7月，邹琳参加了第十四届香港书展。随后，她去拜访了她的偶像、著名的武侠巨匠金庸先生，与先生畅谈了一个多小时。她的小说《踏莎行》受到了先生的赞赏，香港电台、凤凰卫视、亚洲卫视等多家媒体都对她做了专题报道。

对于已经完成和正在创作的作品，小邹琳这样自我评价："《少年英侠》写得最诚恳真挚，但是幼稚；《踏莎行》轻松活泼，但不够大气；《蝶舞花飞》清丽耀眼，但局限于惊艳，内容力度不够；《情侠问案》情节诡异紧凑，还不算太空。我的小说一律都是情节为上，人物次之，内涵又次之，我没有包容太多的历史，也没有折射现实，更没有反映人性和具备太深的哲理。所以，我的小说现在亟须内涵的充实。我只能说还不错，离上乘还很远。"一个才十几岁的孩子，能这样理性、中肯地"剖析"自己的作品，的确难能可贵。

对武侠的兴趣是邹琳创作的原动力。"可是我害怕自己有一天会忽然不再爱武侠，害怕有一天失去最宝贵的灵感。而且我还想认真学习，争取将来考上北大。虽然平时成绩不错，但现在上初三了，我得全力以赴，没有办法再顾及其他爱好。我不知道，将来我会不会有资格做一位武侠作家。"

谈话中，邹琳对自己今后的创作之路流露出隐隐的担忧与无奈。但很快，她就将情绪调整过来，说无论如何，对武侠，她会继续爱下去。"我爱武侠，并不是盲目地喜欢，而是因为我的个性和喜好。武侠，是我心中最真切的梦想。生活苦也罢，乐也罢；丰富也好，平淡也好，都不能少了梦想。唯有沉浸在武侠的梦想里，我才是自由的，快乐的，不平凡的。"一个人的梦想与希望，甚至连灵魂都融入他所热爱的有益的生活，这是极为值得称道的地方。

我们一生中要走许多路，只要选择是正确的，一直用心地走下去，便好。邹琳，你认为呢？

一语道破

还好，她一直没放弃。

遇见：2004年4月

后 续

虽然写作历程让人羡慕称奇，16岁时的邹琳却不再喜欢别人叫她"少年作家"："第一，因为我觉得我还够不上做个作家；第二，16岁已经成青年了，不是少年了。"

2014年，作为大学生代表，邹琳在中央电视台电视讲演栏目《开讲啦》中担任提问青年。现在复旦大学中文系读博士一年级。

冬日里阳光更灿烂

刘冬阳，1987年12月出生，曾就读于南京第十三中学。1998年初开始写小说，2000年10月出版全国第一本以孩子的视角反映单亲子女生活的长篇小说《雪球滚太阳》，2001年12月出版反映择校生状态的长篇小说《择校生》，2003年7月出版反映独生子女锻炼自理能力的长篇报告文学《123——走》，同年出版长篇童话小说《泡泡球》。另发表了中篇小说《傻冒》、短篇科幻小说《人造太阳》、短篇童话小说《换地球》等。其作品获得了南京市政府颁发的文学艺术特别奖和全国城市出版社优秀图书奖。2001年被评为"全国中学十佳文学少年"。

点击阅读

有的读者朋友也许早在2001年就认识了刘冬阳。那时，刘冬阳的小说《雪球滚太阳》刚刚出版。此后，他又创作了小说《择校生》以及报告文学《123——走》，受到全国200余家电视、广播、报刊、网络等媒体的关注，其中包括中央电视台、中央人民广播电台、《人民日报》、《中国教育报》、《中国少年报》、《中国儿童报》等国家级媒体，大部分为大篇幅的专题介绍，一时被称为"冬阳现象"。刘冬阳因其正派的形象以及作品直面社会现象的敏锐性，而被誉为"阳光少年""天才少年"。2003年初，刘冬阳被某中学生报纸评为"2002年度新闻人物"。

我本小"皮"孩

眼前的刘冬阳，瘦削的脸，同样瘦削的身子，他不说话时，就那样望着你。从他眼中，透射出来的绝不仅仅是文气与灵气。你看，那单眼皮下掩饰不住的是什么？用他自己的话说——"皮"，一个像猴却属兔的小"调皮"。那么，冬阳到底是怎样的一个"皮"法呢？

据冬阳的爸爸说，冬阳打一出生，就一脸的调皮相。已有16年"皮"龄的冬阳，都进入高一了，还只有40多千克重。"调皮的小孩差不多都长得小巧玲珑，这样'皮'起来才灵活，比那些身高体壮的人'皮'起来更方便。常有人说我之所以长得没同学高，是鬼点子太多的原因。小个子没鬼点子，还不受大个子欺负啊？"瞧，这是冬阳自己的"皮"之说。冬阳读小学时就因为调皮而没当过班干部。初中时凭出色的讲演竞选副班长成功，却也因为两次小调皮而主动辞了职。

"我这人有些挑食，但喜欢的东西和喜欢读的书却又多又杂。'杂食'有营养嘛，所以杂得连最喜欢的作家和最喜欢的文章都一下子想不出来。但要问我最喜欢的一句话，那我可以立即告诉你：'不要努力成为一个成功者，要努力成为一个有价值的人。'"

冬阳说这是爸爸对他影响最大的一句话，并狡黠地说爸爸在"皮"上可以做他的老师。冬阳用调皮的口吻谈到他与爸爸的星座："这个我跟爸爸可是平起平坐的，都是摩羯座的'兄弟'。"在奶奶眼里，冬阳是一个有缺点但特别聪明的孩子，如果他把全部精力都放在学习上，肯定"不得了"。

冬阳的"皮"是出了名也出了彩的，是"皮"中高手。不论成绩好或差、年龄大或小的同学，都能在他极具亲和力与凝聚力的感召下，在一起玩出新意和奇妙的情趣。你看，他竟一不小心就把"雪球"滚成了"太阳"，还把自己"玩"进了本市颇具影响力的南京第十三中学。

人们都说调皮的男孩后劲儿大，这话至少放在刘冬阳身上没错。在有趣的玩与学中，冬阳"皮"出了26万字的长篇小说《雪球滚太阳》、18万字的《择校生》，还把外出的经历写成了一本十几万字的纪实作品《123——走》。此外，还"皮"出了一些小稿子，比如反映中学生活的中篇小说《傻冒》（在某中学生杂志上分12期连载）、短篇童话《换地球》、短篇科幻小说《人造太阳》等。

平实中也有辉煌

追寻冬阳的成长轨迹，不难看出冬阳是从平实中一步一个脚印坚实地成长起来的。在上小学之前，冬阳与所有小朋友一样，喜欢缠着大人讲故事。但他有异于别人的，是与爸爸比赛编故事的经历。这一讲一编，极大地激发了他的逻辑思维能力和丰富的想象力。在上小学刚接触作文时，冬阳在文字表达方面并非特别优秀，甚至为写不出作文而难过得流下泪水。但在爸爸正确而耐心的启发与引导下，他用记日记的方式，弥补自己能说不能写的缺陷。慢慢地，冬阳爱上了写作文，并学着用文学的方式来学习与生活，思考人生与社会。

在成长与学习的过程中，爸爸对他的培养和关爱是最关键的。作为单亲家庭的孩子，爸爸摒弃现在太多家庭给孩子加压式的教育模式，给了他最宽松又最严格的独特的家庭教育。爸爸采取常人难以理解的"不提要求，不查作业，不过问成绩"等近乎听之任之的方法，在日常的学习和生活中，有意识地培养他的自理、自律能力，进行人格教育。爸爸甚至鼓励他看电视和报刊，以便他接触到更多从生活中不能直接接触到的事物。并带他游泳、骑车，参加各种有意义的活动，以锻炼他的胆量和随机应变的能力，让他懂得，一旦遇到问题就得学会自己面对，自己解决。所有这些，都为冬阳的成长打下了坚实的基础，因此，才有了后来在升初中时，冬阳自己拿着几十万字的文稿去中学直接面对校长，谈自己择校的动机和标准这一让太多人吃惊并钦佩的行为。

为了体验生活和锻炼独立生存的能力，2001年暑假，刘冬阳不带一分钱，不依靠任何亲友，回到故乡湖南，历时12天，行程数千里。除游览了岳阳楼、君山、桃花源等文化名胜外，还体验了餐厅打工、水上捕捞、山区放牛、平原种菜的生活……冬阳用实际行动来证明自己，证明中国的独生子女自立意识和自理能力并不差。这次游历后来转化成了冬阳笔下的游记《123——走》，他要让中国的独生子女们来分享他的快乐，让家长、老师以及全社会都能真正重视独生子女素质教育的问题。

自从《雪球滚太阳》在南京"一炮走红"后，冬阳便成为全国报纸、杂志、电视、广播、网站等媒体的关注对象，采访他的媒体络绎不绝，各种报告会、研讨会、座谈会、签名会也相继邀请他前往。面对这些荣誉和光环，冬阳表现出超出实际年龄的成熟和智慧，始终保持着平和的心态。他不喜欢自己平静的生活被打破，不希望大家是因为他的年龄才关注他和他写的书，他只希望大家关心书本身，而不是他本人。他说："我的作品是写给学生看的，是给有想法、有见地的学生看的，更是给家长和社会各阶层的人看的。因为我的书直面社会敏感话题，我的故事在深刻反映我要说明的问题。"

由于表现突出，冬阳除获得了简介中所述的各种荣誉外，还被江苏省作家协会吸收为会员。这些都是让小冬阳感到快乐和骄傲的事情。目前，他依然过着平静而又快乐的生活，在调皮与努力中完善着自己的人格与追求。

这个善于思考的小冬阳，似一缕阳光，即使在冬日里也灿烂无比。我们唯愿他，用更精彩的作品来继续不停地挑战自己，铸造属于他的辉煌。

一语道破

真的很好奇，冬阳如今又在进行着怎样别样的行走。

遇见：2003年7月

后 续

2003年后为中国国学研究会研究员、中国少年作家学会副主席兼江苏分会主席、中国青少年艺术家协会副会长、中国当代青少年作家协会全国副会长兼江苏分会会长、南京作家协会会员、南京市第十三中学大唐文学社副社长。作品获得南京市政府颁发的文学艺术特别奖、全国城市出版社优秀图书奖、"中国少年作家杯"全国征文大赛一等奖（连续获得第四、第五、第六届一等奖）。2004年获得国家人事部人才研究会艺术家学部委员会首次颁发的中国青少年文化艺术一等奖。2005年被世界华文文学联盟列入15年以来中国大陆少年作家排行榜。2016年，刘冬阳参加了中国教育电视台《父母大人》两期话题节目"孩子偏科究竟怎么办"和"偏科的利与弊"的录制。

归百川于胸怀，纳四海于笔端

陈励子，女，1991年出生，满族。中国作家协会少年作家班学员，中国散文学会会员。曾为北京石油附属学校学生，北京市"红领巾奖章"、海淀区"十佳少年"称号获得者。2002年获"俊以儿童文学奖"和"梁斌文学奖"。作品曾获第三十届"国际青少年书信比赛"银奖、"第四届世界华人少年作文比赛"一等奖。2001年出版作品合集《鸟儿在天》，2002年6月出版作品集《月亮船》。

点击阅读

这是一个有着大智慧的女孩，小小身体里隐藏着深深思考的她，看得清自我，照得见前路。跟她交流，对我而言，也是一种学习与升华。

所有的朋友都是我文学世界里的主角

A."美丽、娇艳的花儿是我的朋友……"

上小学二年级的时候，7岁的陈励子看着亲手种的九月兰一天天长大开花，情不自禁地用稚嫩的笔迹写了一篇文章《种花日记》。妈妈觉得不错，便试着寄给了一家小学生作文杂志。半年后，望着自己歪歪扭扭的笔迹变成了铅字，陈励子高兴地捧着杂志，生怕被人弄坏了。因为这篇作品的发表，是她的第一次成功啊，她怎么能不珍惜呢？此后，陈励子时刻都在用心观察身边的事物，认真思考。还有一次生病住院时，她发现病房的窗前有一朵美丽的牵牛花被风吹得摇着头，好像要和她说话。于是激发了她的创作灵感，在文章《永远的牵牛花》中讲述了一个白血病女孩与牵牛花的故事。

陈励子说，美丽娇艳的花儿都是她的朋友，还有娇嫩的勿忘我、带刺的玫瑰花……童话《勿忘我》与《玫瑰树下的蚯蚓》就是从它们身上得到的创作灵感。

B. "憨厚、精灵的动物是我的朋友……"

只有留心观察、热爱生活才能写出心中美好的感受。深秋的一天，一只老麻雀正在门前的老槐树上梳理着嗷嗷待哺的小麻雀的绒毛。一阵刺骨的寒风吹来，陈励子不禁打了一个冷战。这时，陈励子发现，老麻雀用自己的硬羽挡住寒风的袭击，保住了一窝小麻雀。她被这幅浓浓的母爱画面折服了，感人至深的文章《麻雀》就这样从她笔下诞生。

憨憨的小龟成了陈励子清雅的散文《憨龟》的主角，富有灵性而诚实的小鹿是她第一篇短篇童话《诚实的故事》中的主角……经常给自己插上想象的翅膀，就能不断地写出美妙的文章。

C. "大自然中的风云雨雪、森林树木是我的朋友……"

一切自然现象在陈励子眼中都是那么纯净而富有灵气。看着那仿佛插着翅膀满天飞舞的天使般可爱的雪花，她用文章《赞雪》来表达对它们的喜爱。

一个暑假，陈励子失望地发现，老家那棵树被人砍去盖房了。想起曾经常常攀爬上去读朱自清的《匆匆》，以及坐在上面眺望远方草坪的快乐时光，她非常心疼。只有大自然的气息，才能过滤人们的心灵呀！于是，她以第一人称写下作文《永不瞑目》，来讲述一棵大树的遭遇，哭诉环境污染的可怕。

D. "我身边的人，都是我的朋友。"

陈励子在作文中也经常以人为主角，杜静晨、赵修、董文小月和韩晔就在《魏风晋骨吟木兰》《文心义胆笑江湖》《红粉戎马绘侠姿》《神行太保孔明才》中大显身手。她仔细地揣摩他们不同的性格，使他们在自己的笔下熠熠生辉。还有爷爷、奶奶、爸爸、妈妈和老师，他们都在陈励子的笔下演绎着一个个动人的故事……

因为纯真和对生活的热爱，一切事物在陈励子的笔下便那么鲜活而泛着诱人的光泽。在她发表的近百篇文学作品中，那么多被她视为有生命的朋友与她手牵着手，一起走向明天……

"我生机勃勃地活着"

印度诗人泰戈尔在《吉檀迦利》中写道："生命无处不在。无论是在哪一个角落里，不同的生命都有着不同的色彩、音韵和情绪的跳跃，于是，便有了文学和文人。"陈励子说："我不敢自称文人，但每一个瞬间我身旁生命的蜕变，都能触动我的心灵。于是，当生命蜕变的过程与我的心灵摩擦时，便有激情的火花从我的笔端迸出，跃然于纸上。这便是生活与心灵交会的结晶。"

她说："正是由于生活中永远有生命的跳动，我的思想才永不会干涸。

'拥抱阳光，感恩生活'，是我最大的理想和追求。"

是的，创作离不开生活，是生活滋润了陈励子的心灵，让她笔下的生命似一串串璎珞，鼓励她将文字、语言、感情、艺术和想象凝结成颗颗珠玑……

有人说，文学是一方净土，它在一个遥远的地方。只有勇敢的探险者才能来到这方净土，才能在这方净土上开垦出一片属于自己的花园，培育出娇艳的花儿。陈励子说："我有幸来到了这片净土上，这里将留下我成长的足迹和春天般的色彩。我会在角落里开辟属于自己的伊甸园，无论最终我的伊甸园里是否会花团锦簇，我都会一直这样执着地走下去，用我清新的笔调去给生活描绘上春天般的色泽。在这里，我的思想会被生活一次又一次地洗涤，渐渐变得敏锐、成熟而洞察一切。我也明白，只有一个了解社会、经得起千锤百炼的人，才会真正懂得什么是文学。我要让自己生机勃勃地活着！"

"我相信自己，也相信未来"

陈励子自7岁发表作品开始至2002年底，先后在《世界儿童》《儿童文学》等数十家各类报刊上发表童话、散文、小说等作品百余篇，共约30万字。

2001年，由万国邮政联盟和联合国教科文组织主办的第三十届"国际青少年书信比赛"中，她的作品《给你写信，谈谈我们的友谊与不同》作为中国赛区唯一入选作文参加国际比赛，并获银奖；同年，作品《母爱无边》获"第四届世界华人少年作文比赛"一等奖；2001年7月，作品《勿忘我》获第二届"中国少年作家杯"全国文学作品大赛一等奖。至2002年底，在国际国内各类文学作品大赛中，她已有近70篇作品获奖。

陈励子不但在作文方面表现突出，在英语和数学等方面也非常优秀。2002年，她通过教育部公共英语二级考试，英语口语通过伦敦三一学院口语五级考试；同一年，英语和数学同时获得由中国香港保良局和澳大利亚新南威尔士大学教育测试中心举办的国际联校学科评估竞赛二等奖。她还先后两次获北京市海淀区科技英语竞赛一等奖，2002年考入北京市数学学校学习。

小小的陈励子望着面前一大堆荣誉证书，很灿烂地笑着，她说："今后我要踏踏实实地走好每一步。我的路还很长，我不在乎最终是否能在文学的道路上取得成功或是获取更高的荣誉，我要的是享受文学的美感和体味文学创作的恬静与快乐。我相信自己的选择，也相信未来。"望着陈励子嘴角那一抹自信的笑容，我不禁被她言语中所透出的大气所震撼。正如她的导师谷禾先生所说："陈励子的作品中有一种'归百川于胸怀，纳四海于笔端'的大气。"相信这个可爱的小女孩，将来一定会大有作为的。

一语道破

说实话，这篇采访的标题过于老气，但是，又的确适用于当年便已相当出彩的她。

遇见：2002年12月

后续

现在的陈励子仍旧从事写作。2014年度她获得中国"90后"九大作家年度排行榜第七名，现任中国少年作家协会副主席，北京少年作家协会主席。

　　她的作品以凌厉的笔锋、玄妙的想象力，表达了一个少女眼中的世界：既有过去，又有现在；既有地球，更有宇宙。人生的哲思、宇宙的幻想，使少女作家的小说扑朔迷离，焕发出一种与年龄不符的纯粹美感。作品《月亮船》《长安杂志》奠定了她作为"90后"少年作家唯美一派的独特风格。近年来，她的创作风格渐渐走向多样化：《凌波微步》《坏得像个人》等杂文作品语言风格泼辣大胆，自由游走于历史的缝隙之间，显示了少女作家不凡的历史文化功底；其中短篇校园小说《你从哪里来》《子非鱼》《给点阳光就灿烂》，历史小说《满庭芳》等风格独特，情节诡谲，更是展现了她惊人的成熟笔力和巨大的创作潜质。

花开的季节，看我前行

施睿，女，曾任江苏省东台市实验中学小草文学社社长。自8岁发表处女作以来，直至2003年1月，已在多家青少年报刊发表作品80余篇。2000年10月被全国中语会中学生文学社研究中心评为全国十佳文学社社员，2001年5月获"圣陶杯"全国作文竞赛二等奖，2002年5月获中语会主办的"21世纪全国初中生写作大赛"三等奖。

点·击·阅·读

跟她交流的时候，一股乖乖的、萌萌的少女气息扑面而来……

"你不也和我们一样爱玩吗？怎么成绩这么好呀？"

那年秋天，看着周围的小朋友都背着小书包蹦蹦跳跳地去上学，5岁的小施睿羡慕得不行，非要妈妈也给自己买个漂亮的小背包不可，她也想同那些可爱的小朋友一起去上学。妈妈被她缠得紧，便带着她来到学校，央求校长满足她的心愿。就这样，小施睿成了全校年龄最小的学生。

令大家想不到的是，这个小不点儿却是班里最懂事的"小大人"，她的聪慧渐渐地在老师和同学心中留下了很深的印象。她说话总是那么有条有理，时常还有自己独到的见解。她的成绩也总是班里数一数二的，弄得很多年龄比她大的孩子都问她："你不也和我们一样爱玩吗？怎么成绩这么好呀？"小学三年级读完后，小施睿直接跳级进入了五年级，又让同班的小朋友们惊羡不已。

小施睿的理性也表现在她的作文中，她的作文有时甚至被同学误以为是请哥哥姐姐写的。老师发现她是棵不错的苗子，便鼓励她投稿。8岁那年，她的处女作《那一次，我流泪了》发表在当地的晚报上。此后，一发而不可收，她相继在全国20多家报刊上发表了很多小有影响的作品。

施睿的指导老师冯先生向我介绍说："施睿同学的作品确实'文如其人'，含蓄而清纯。她的作品大都写得比较简短，但读后如清风拂面，也看得出她敏于观察，勤于思考。她那一篇篇练笔，铺就了一块绿地，春光之下，有思考的露珠在闪烁；也像一轴展示心灵的小画卷，上面的小图案勾画了青春律动的线条；还像是一片小小的丛林，只能听到林间的鸟鸣，看不到其跳跃的身影。"冯老师还说："施睿的触角伸入到了生活的很多角落，一些简单的日常琐事，在别的同学看来不值一提，她却能用独特的眼光发现并选取那些看似平常的材料，写出有声有色的文字来。"

"我小时候最喜欢做的事就是'读书'"

当我问到施睿对"阅读、思考与写作"的看法时，她倚在身后古老的城墙上，笑着说："我小时候最喜欢做的事就是'读书'。所谓'读'书，就是把一本连环画稀里哗啦地从头翻到尾，然后三下五除二地把它撕得一页不剩，表示读完了。有时也会托着腮帮瞪着眼睛'思考'其中的故事情节。这应该算是我最早的读书情缘。现在我当然不会再撕书了，而是非常珍惜它们。因为在我看来，读书是人生中最愉快的事。对于写作，我认为它不应该只是为了再现生活，更要用心理解生活，这就需要认真思考。只有通过大量阅读和积极思考，才能使现实中的蓝本上升为脑海中的形象。同时，你所读的书决定着你的思想，而思想倾泻于笔端便成了文字。以前我读的大多是故事书、通俗小说，写出来的文章情节优于思想，如《追求》《父亲》等。后来随着阅读的深入，文章中加入了较多的议论，有了很多自己的看法，如《军训来当兵》等。"酷爱读书，热爱生活，勤于思考，是她不停地写作的源泉与动力。

除了"脑"勤，施睿的"手"也勤。有时思考所得的一些零碎的思想，一时不能成文，她便会先把它记下来，哪怕只是几个字，也可成为她思想坐标中的一个点。日后将其排列组合，即可成文。如《春天后面不是秋》一文，看似信手挥就，其实与她平时勤于思考与记录是分不开的。她用心灵讴歌一切，无论它们是微小，或者是博大；无论它们是庄严，或者是诙谐。回头看她发表过的几十篇文章，都是真实情感的自然流露，文笔也一天比一天成熟。

2003年，小施睿还不满15岁，这个如阳光般灿烂的少女，用她自己的方式稳步前行，向人们展现出一个真实的自我。她喜欢玩，因为玩是每个孩子的天性；喜欢读书，因为读书可以启迪智慧，使人明理；喜欢写作，因为写作可以宣泄情感，阐述道理。她崇拜余秋雨，特别喜欢他的《千年一叹》和《文化苦旅》，她还喜欢欧文活力四射的外表与天使般的进球绝技，以及小甜甜布兰妮那如瀑布般飘逸的金发。"天行健，君子以自强不息"是她的座右铭。

看着施睿脸上洋溢出的那抹自信的笑容，我仿佛听到她同样自信的声音："花开的季节，请看我前行！"

一语道破

她是否还做着文学之梦，似乎不那么重要。更为重要的是，有过梦想的人，一定比全无梦想的人更幸福。

遇见：2003年1月

后续

现就读于南京大学。

不停拔节的"草芽儿"

张晓璐，客家女孩，1989年8月出生，曾就读于广州市第四十七中学。2001年被评为广州市优秀少先队员。8岁开始练笔，在《中国少年作家》《小艺术家》以及我国台湾省《客家文艺》、泰国《星暹日报》等国内外报刊发表作品50余篇。曾获《少年文学周报》全国中小学生作文大赛第一届金奖、第二届铜奖；第二届"中国少年作家杯"全国征文大赛优秀奖。2002年5月，作品集《草芽儿》由作家出版社正式出版。

点击阅读

她不是一位特别漂亮的客家女孩，却有着让人心动的笑容，看到便难忘。她的笑，有着青草般羞涩的、甜甜的味道……

客家烙印是她文学的根

1989年8月，张晓璐出生在美丽的南方都市广州。又在这儿读书，长大。小时候，张晓璐总是不肯承认自己是客家人，以为自己就是一个地地道道的广州人，并引以为荣。直到5岁时，爸爸带着她第一次回到生养了爸爸及其上辈的故乡——广东梅州，才使她彻底改变了原来的想法。她在后来写下的《乡道悠长》中真实地记录了这次经历：她亲眼见到乡亲们你两元我三块地凑钱帮助一位孤寡老人，就像那悠长的乡道，默默无闻地、尽可能地奉献着他们朴实的情感。在这里，聪慧的张晓璐发现了乡亲们平凡却闪耀着金子般光泽的美。这次故乡之行，在她心中留下了美丽的烙印，她再也不"打心眼儿里讨厌那个贫穷落后兼肮脏"的地方了，已经敢于承认自己的血管中流淌着百分之百的客家血。她说："是韩江和珠江共同孕育了我。我总是相信，我的骨子里秉承着客家人惯有的性格：纯朴、善良、不拘小节。我也希望自己的身上，能散发出广州人独有的智慧、狡黠。"梅州客家淳朴的风情，韩江、珠江的滋润，使早慧而聪颖的张晓璐如一棵嫩嫩的草芽儿，周身充满了毫不张扬却又不可抵挡的活力。她将这些活力赋予文字，开始了对生活的观察与思考。

"野心"是她文学的推动力

上小学一年级时，张晓璐就开始学习写一些短小的作文。她好奇地看着、听着身边的一切，然后记下自己的见闻与感受。读二年级时，张晓璐的习作《不该少一个零》在某少儿杂志发表了，仿佛一棵嫩嫩的草芽儿羞答答却勇敢地探出了头。其后，她又发表了文章《离家的八哥》。张晓璐更愿意将这篇文章称作自己的处女作，因为在她眼中，它才称得上是一篇"文学作品"。从此，很多报刊上经常能见到她朴实的文字。看着她稚嫩的文字中夹带着的一串串汉语拼音，仿佛看到一棵棵嫩草将要蔚然而成一片亮丽迷人的风景，可爱又充满希望。

张晓璐很勤奋。最初学写作文时，她就给自己制订了目标。对于身边人、身边事和身边物，她都是有感而发，想到什么就写下来。到小学毕业时，她将所有的文字进行精选，然后归纳整理成作品集《草芽儿》。进初中后，张小璐说："我现在的目标是，坚持每月至少创作两篇高质量的作品，并把每学年发表的作品整理归纳成一本集子，初中毕业后再出一本书，作为对初中阶段的总结。书名就叫《小草》，表明《草芽儿》在成长。"她的这番话，正如她的指导老师在《草芽儿》序言中所说："她把自己的作品集命名为《草芽儿》，我想并不仅仅因为她清醒地认识到这些作品还不够成熟，也许她还对自己写作的明天有着更大的'野心'呢！"是啊，"野心"有时候的确是一种催人奋进的动力。有了动力，草芽儿就有可能生机勃勃地成长为小草，继而蔓延成一片大草原……

真实与坦荡是她文学的品格

古波斯诗人哈菲兹（Hafiz）说过这样一句话："紧贴真实，与之共舞。"对于文学创作，张晓璐尽可能让自己做到真实自然。在她眼中，文学创作其实就是有感而发，倘若在没有灵感的时候搜肠刮肚地做些虚假的推测，或是堆砌、拼凑一些华丽的辞藻，这样的文章是无法打动人的。一篇作品不能令人有所触动，也就失去了文学创作的意义。她说："在写作的时候，我真正将心中所想倾注于笔尖，是最真实的。"她从不在作品里隐藏或装扮，笑或哭，都是一个坦荡的真性情女孩。

正是由于真实，张晓璐写出来的文字大部分是她成长的忠实记录，很少去呈现自己想象中的童话世界。虚心的她清醒地意识到，自己写出来的文字还缺乏一种灵动的感觉，还有待于用丰富的文学手段去升华。但这也恰恰说明，张晓璐今后的写作存在着广阔的上升空间，也让她有足够的信心踏踏实实地走好未来文学之路的每一步。

自然、毫不张扬同样也是张晓璐性格的一面。《草芽儿》出版后，泰国《星暹日报》、我国台湾省《客家文艺》等报刊刊登了她的作品及相关报道。面对这些，张晓璐表现得非常冷静。她说："书出版了，就像完成了一件事，只是走出了小小的一步而已。要继续向前，就该把精力集中到下一个目标上。"听了她的话，我仿佛看到，她的天空就像阳光下的草地，一片绿意盎然。

一语道破

这孩子，即使长大，应该也会不时掩嘴而笑吧？那一抹微笑，真真动人。

遇见：2003年2月

后续

大学已经毕业。

我愿，蓝天下有我

王心田，1986年7月出生于上海嘉定。1997年参加中国作家协会鲁迅文学院少年作家班，成为少年作家班首届学员之一，且连续5年被评为优秀学员。升入中学后，先后担任班长、校团支部书记。曾就读于上海市嘉定二中。2001年、2002年分别获得"中国少年作家杯"全国征文大赛三等奖、一等奖。2002年5月，出版个人作品集《想想天蓝蓝》。

点击阅读

2002年11月9日下午，上海市嘉定二中内彩旗招展，在激昂嘹亮的迎宾曲中，迎来了国内外50余名女童教育专家。随后，在古猗园梅花厅举办了"新世纪女童教育"展示研讨会。会上，嘉定区教育局领导向专家们介绍了嘉定区的女童教育状况，嘉定二中几位女学生代表以流利的中英文现场述说了自身成长的历程，其中一位少年的自白更是赢得了在座专家的阵阵掌声。她，就是少年作家王心田。

第一缕阳光，正好！

在王心田小时候，爸爸忙着经营一家小小的书店，妈妈工作也很忙，根本无暇顾及小心田。但小心田是个很有灵性的孩子，喜欢自己写呀画的，随手涂鸦。没有爸爸妈妈盯着，她一个人泡在书店里。除了画画，便整天和漫画中的机器猫、小甜甜打交道，倒也悠闲自在。

不知不觉，王心田"玩"到了上学的年龄。爸爸觉得不能再让她这样"自由发挥"下去，否则将来会一事无成。于是，爸爸开始认真地对待她。除了辅导她的学习，他还特别注重培养她的道德品格，希望她能在学习中不断提高自己的思想水平。读小学三年级的时候，爸爸"逼"着她阅读四大名著和《钢铁是怎样炼成的》。可是，由于当时年龄太小，小心田觉得只有《西游记》特别好玩，便看得津津有味，对其他的名著并不感兴趣。她说："当时，最吸引我的还是《安徒生童话》和《格林童话》，毕竟我还是个小女孩嘛！"那些名著，虽然是被爸爸"逼"着读完的，但在阅读的过程中，潜移默化，使小心田有了一些文学知识的积累。正是因为有了这些积累，所以小心田对语言的理解比较透彻，语感也特别强，并因此对事物有了很多自己的看法。活泼开朗的她，及时地将这些看法通过口头或者文字表达出来。可以说，爸爸对王心田有意识的培养，宛如清晨第一缕和煦的阳光，对她的写作乃至人生都有很大的影响，也使她较早地明白，自己该做些什么。

白云朵朵，辛勤采撷

刚刚学写作文不久，王心田的作文就常被老师当作范文在作文课上朗读。后来，她开始试着给一家少年报纸投稿，没想到一投即中——她的一篇小通讯被采用了。虽然这篇小通讯只是刊登在一个不起眼的小角落，但这无疑给了她莫大的鼓励，让她对文学的兴趣得到进一步激发。

进入中学后，王心田不再是在爸爸的"逼迫"下被动地读书了，而是快乐、自觉地涉猎各种文学书籍。她如饥似渴地广泛阅读，既钟情于《麦田里的守望者》《汤姆叔叔的小屋》，也迷恋《雾都孤儿》以及金庸的武侠小说。她喜欢鲁迅、张爱玲、李清照，还有村上春树。除此之外，她还坚持练笔，非常快乐地写作，一点儿也不感到厌倦。她说："也许，别人会对我产生一种错觉，认为我整天埋头于写文章，很辛苦；也有的人认为，我的父母对我管教太严。但我觉得自己是幸运的，爸爸妈妈让我学到很多，我很感激他们。另外，生活中，我有一群很要好的朋友，对我而言，写文章只是生活的一小部分。"

1997年，王心田进入中国作家协会鲁迅文学院少年作家班，成为作家班的首届学员。王心田像一位辛勤的小仙女，采撷着文学天空中的朵朵白云，采撷着美丽的文学之花。有耕耘必有收获。由于学习刻苦，勤于思考，她连续5年被评为作家班优秀学员；荣获2001年"中国少年作家杯"全国征文大赛三等奖，2002年又获该项大赛一等奖；2002年5月，正式出版个人作品集《想想天蓝蓝》。

我愿，蓝天下有我

别看王心田读小学时被人称作"小不点儿"，却连续担任少先队队长，且连年被评为少先队优秀队长。后来又以优异的成绩升入中学，担任班长兼英语科代表、校大队委员。不久后转入嘉定区实验中学，担任校团支部书记。这些经历，包括转学在内，不仅锻炼了王心田的思维能力，更使她喜欢思考，善于思考。

她还积极参加不少活动。"在采访的过程中，在这群离我生活很远的辛勤工作的环卫工人身上，我深深体会到了一种真实的情感。没有他们，就没有我们美丽的城市。可他们竟常常被人瞧不起，有时还遭受别人的白眼，甚至辱骂。"说起暑假中随同某报的一位编辑老师对几位环卫工人的一次采访，王心田仍然感慨不已，"这些默默无闻的人，让我感到非常惭愧，因为自己平时对他们的关注实在是太少了。这件事对我的影响非常大。它让我思考，人生的价值到底在哪里？我该做些什么呢？而现实生活中，这样的人和事，又何其多啊！生活这本大书，它值得我用一生的时间去学习。"

王心田的作品集中，很多文章都源自她对生活的感悟，对学习、生活、友情的理解，都很真实。看到大家喜欢自己的作品集，她在高兴之余，更多的却是思考。她想，未来的路还很长。文学是"照亮国民精神的明灯"（鲁迅语），是那么神圣，我距离它还非常遥远。如果不继续坚持不懈地努力，便会与它失之交臂。善于思考，对任何人都是非常宝贵的。正因为如此，王心田的指导老师在《想想天蓝蓝》的序言中，称赞她"就像一个路上的思想者"。对呀，只要王心田一如既往地发愤学习，勤于思考，坚持下去，谁能断定，指导老师的话没有实现的可能呢？她的人生价值，也会在不断的拼搏中得到最大的体现，"我愿，蓝天下有我"这句话，才是她真正渴望和必将实现的目标。

一语道破

很淡定的你，应该也有着从容的人生。
希望有你的消息。

遇见：2003年

后 续

  2006年7月于上海嘉定二中高三（8）班毕业。曾做客母校二中，与学弟学妹谈文学创作。

用文字编排心灵之舞

招斯喆，女，1988年11月生于江西南昌，曾为南昌市豫章中学学生。2002年、2003年连续两年被评为南昌市"三好学生"，2003年又被评为江西省"三好学生"。自小学二年级发表处女作《片断三则》以来，至今已有100多篇习作见诸报刊。

点击阅读

少年招斯喆，有着对文学的激情与痴情。来听听她跟文字共舞的故事。

从看图说话开始

与招斯喆对话，你能看出她对文学的用心。

"我对文学的兴趣确实特别浓，能取得一些小小的成绩，首先要感谢我的妈妈。"招斯喆说。在招斯喆很小的时候，妈妈就给招斯喆订阅、购买了不少儿童故事画刊和童话故事书，并绘声绘色地给她讲书中的故事，一边讲一边引导她记忆、思考。然后，让她自己将故事复述一遍，鼓励她在讲的过程中自由发挥，甚至胡编乱诌都行。这样，招斯喆的记忆力、思维能力都得到了极大提高。步入小学后，妈妈更是有意识地培养她爱看书的好习惯，让她从小就受到健康而积极的熏陶。这使得她辞藻的积累、语言的表述能力在不知不觉间有了长进。小学一年级时，招斯喆从看图说话开始练笔，兴趣颇浓。在一次学校组织的相关比赛中，招斯喆捧回了年级第一的奖状。从这以后，在妈妈的鼓励下，她看书写作的积极性越发高涨，后来，老师也发现了她在作文方面的灵慧，便推荐她参加区作文培训班。就这样，招斯喆"顺理成章"地与文字结下不解之缘。"我的成长，浸润着妈妈大量的心血，牺牲了妈妈大量的休息时间，是妈妈一手操持着整理稿件、收发信函等琐事，是妈妈鼓励我、督促我，悉心指导我，引导我走上文学道路，并跋涉至今。"招斯喆笑着说，眼中满含着对妈妈的爱意与谢意。

和每个孩子最初投稿的时候一样，由于年龄小，观察力和文字驾驭能力有限，招斯喆开始也没少被编辑退稿。但她并没将这些放在心上，而是"痴心"不改，继续不停地写下去。功夫不负有心人。小学二年级时，她的处女作《片断三则》在一家少儿报纸上发表了。此后，稿件被采用的次数多了起来。江西某少年报的编辑对招斯喆的勤奋有很深的印象，曾专门撰文《小小作者录像——招斯喆印象》，介绍她的勤思苦学。此时，小斯喆还没读完小学三年级呢。此后，她的名字频频见诸报端，至2003年，已有150多篇习作在十几家报刊上发表。其中文章《众说纷纭"好孩子"》和《女生看卡通》被分别编入《2002年度中国最佳小学生作文》和《中国中学生新思维作文》等书。

努力地做好想做的事

在谈及对创作的感想时，招斯喆十分推崇孔子"知之者不如好之者，好

之者不如乐之者"这句话。她觉得，自己是把创作当作一种享受，总感觉其
乐无穷。她读书很多，注意学习别人的写作方法，博采众长。她还爱看兼具
知识性和趣味性的节目与新闻，对时下流行的东西也会留心掌握，广泛收集
各方面的信息，从而使自己在写作上更加得心应手。除此以外，招斯喆在写
作方面更趋于灵感的捕捉，喜欢表述自己外在的瞬间感受，认为气氛、简单
的心境或随意的感触，才更应该是文字交流的范围。她认为写作有如作画，
随意一点或真实一些，完全是在写意，不需要刻意去进行文字剪裁、谋篇布
局，反对故弄玄虚，玩弄华丽的词语。

招斯喆的兴趣是多方面的，她一直在努力地去做好自己想做的事。1999
年3月，经学校推荐，征得父母同意，招斯喆通过竞聘，当上了南昌文体电
视台《金色年华》栏目小记者。因为工作出色，被电视台评为"1999—2000
年度优秀小记者"。此后，招斯喆陆续担任过多家报刊的小记者，2002年被
评为某报优秀小记者。通过这些实践，招斯喆锻炼了胆量，增长了才干，丰
富了阅历，为她的人生添上了绚丽多彩的一笔。

将永远热爱文字

由于招斯喆的不断进取，很多奖项纷至沓来：2002年荣获"江西省作文
竞赛小明星"称号，并载入《江西小明星录》一书；多次被评为省、市级
"三好学生"；在写作方面，获得过某报减负征文、武汉市环保局青少年环
保征文、某少儿刊物举办的作文大赛等多种奖项。

有同学问她："你长大后会去玩文字吗？"招斯喆说："我不能肯定，
谁能保证此后的生命呢？但有一点，我将永远热爱文字，用文字编排心灵之

舞，而不是'玩'文字。这，是完全可以肯定的。"

一语道破

这是一位身上带着锐气的少年。青年招斯喆，依然风采依旧。这样，真好。

遇见：2003年8月

后续

北京师范大学教育学部硕士研究生毕业。某世界500强企业2014年度接收应届毕业生公示名单中有她的身影。

逆风飞扬

陈佳，1989年9月出生，毕业于江苏省邳州市第三中学，爱好写作，至2003年，已经在《青少年文学》《作文世界》《东方文学》《青年科技报》等报刊发表文章数十篇。曾获"21世纪全国初中生写作大赛"二等奖、第二届"春风杯"全国作文竞赛一等奖。曾为邳州市校园文学协会年龄最小的会员和小海燕记者团小记者。

点击阅读

　　遭遇挫折后，你会怎样做？从此一蹶不振，还是继续起飞？来看看陈佳经历过的痛与泪。

折翅

　　一个阳光灿烂的日子，陈佳降生于江苏省邳州市运河镇一个教师之家。此后的8年里，陈佳的生活充满阳光，一路神采飞扬。到入学前，陈佳已经可以背诵古典诗词100多首，古文20多篇。

　　上学的年龄到了，由于户口问题，陈佳不能就近入学，爸爸只好带他来到一所附属小学。面试时，陈佳当场一字不漏地全文背诵《岳阳楼记》，把主管招生的副校长和一位在场的女老师惊得目瞪口呆。他们毫不犹豫地收下了他。

上小学一、二年级时，陈佳轻松愉快地学习，每次考试，都是班里的语数双科第一名，多次高兴地捧着奖状回家。

正当大家为他的早慧赞赏不已，夸他此后必有出息时，不料一场飞来横祸，掠走了大家脸上的笑容。

那是1998年8月19日，陈佳在游完邳州公园的归途中，路边一家个体豆腐作坊的土制锅炉突然发生爆炸，不幸造成幼小的陈佳头、腹和腿部多处受伤，被送往医院后，一共缝了32针。从此，陈佳的大脑受到影响，智力下降，视力也跟着减弱，整整住院一个学期。到三年级第二学期返校后，因为重伤刚愈，老师和家人都放松了对他的要求，这种情形下的结果可想而知。四年级的期终考试，陈佳语文仅有77分，数学则更糟糕，才53分。

重飞

情况如此不容乐观，有没有可以补救的方法呢？陈佳的爸爸几经思考，决定还是要对陈佳严格要求。如果再放任不管，将会影响他今后的一切。于是，爸爸与老师商定，针对他平时爱看课外书的特点，有意识地指导他去阅读。正是从阅读大量的名人传记开始，一直到2003年9月，陈佳读过的优秀作文读物有100多本，读过少年版的《红楼梦》等四大古典文学名著和《百科全书》，还有《十万个为什么》《外国文学名著》15卷以及《民间文学》等，家里一个特大的书柜整整齐齐摆放的全是他的书，总计金额近7000元。

与此同时，身为教师的爸爸每天晚上从小学三年级的课程开始，一课一课地帮他补习语文。每个双休日，则请班主任徐老师帮他补习数学。徐老师特别善于发现他的闪光点，因势利导，适时地在班上表扬他。这样一天天地循序渐进，逐步纠正了他贪玩、浮躁等毛病，使他增强了自信心。到后来，他已经能够自觉而严格地要求自己。功夫不负有心人，六年级升初中的考试，陈佳的语文和数学都达到了90分。

乘风

在这个过程中，最令人欣慰的是，陈佳因阅读而爱上了写作文，他的文章常被老师当作范文在班上朗读。

有一天，爸爸去学校看陈佳，有几位老师笑着对他说："哈，'家庭主妇'来啦！"原来，陈佳在作文《我的一家》中，说到妈妈太忙，大多数时间由爸爸照料他的生活，像个"家庭主妇"。爸爸一听，哈哈大笑地说："他可真还说对喽！"这篇作文，后来在某杂志上刊出，成为陈佳的处女作。

陈佳写作文有一个优点，就是平时留心观察，善于积累素材。有一次，家里请爷爷和小叔吃饭。饭桌上，大家谈到学生填报志愿的问题。不想陈佳边往嘴里扒着饭，边琢磨开了：这种现象，我可以写一写啊。3天后，一篇题为《选择》的文章送到了爸爸的手上。爸爸一看，文章写得非常实在，而且有着很强的现实意义。2002年10月31日，《选择》得以在当地日报副刊《小萝卜头》的头条发表。随后，《青年科技报》和《徐州日报》等分别予以转载。另外，陈佳还以这篇文章参加第四届"21世纪全国初中生写作大赛"，获得二等奖。一位全国校园文学理事这样评价《选择》："它反映了

'应试教育'给社会和家庭带来的巨大压力，并用事实告诉人们：考大学，不要一味迷信重点中学，在普通中学就读，同样能考上理想的大学，关键是看学生肯不肯下功夫。"

此后，陈佳更加注意捕捉生活中那些感人的细节，特别注意观察那些最普通的人。同样被多家报刊转载的文章《大姨秋收》，就是通过细心观察，从言行和外貌等几个方面讲述"大姨"为了孩子能上大学，不惜拼命劳作、无怨无悔的故事，一位勤劳、朴实、可敬的农村妇女形象跃然纸上，读来十分感人。

陈佳的文章总能给人一种积极向上的力量，很多前辈对他大加赞赏。在他上初二时，四川省著名反腐诗人刘大果老人，78岁高龄时曾专门写诗勉励他："勤勉终于能补拙，苦读必定长见识。"时任《未来文学》杂志的总编和时任《东方文学》杂志的总编多次来信鼓励他，希望他继续刻苦自励，立志成才。

因为勤奋，陈佳才能小有收获。相信同样因为勤奋，陈佳会更加成熟，收获也会更多。正如一只雏鹰，虽经逆风，但有奋力拼搏的勇气，有日渐丰满的羽翼，谁能断定，它的腾飞，是在明天，或者后天呢？

一语道破

安静而羞涩，是当初你的表情。如今的人生，是否也安静如昨？

遇见：2003年9月

后 续

　　陈佳高中毕业于明德实验学校，在《人民文学》前主编的建议下，主攻动漫、摄影。2009年在北京进修高级摄影师（三级摄影师），2010年进入南京视觉艺术学院影视摄影专业，2012年在北京进修摄影技师（二级摄影师），2014年取得江南大学影视动漫设计专业本科学历（学士学位），目前正在备战湖北工业大学软件工程设计专业硕士研究生考试。

作文"抄"出来

尹忠山，男，1988年生，曾为湖南省湘潭市岳塘区易家湾中心学校学生。上小学时获全国小学生作文比赛二等奖。升入中学后，连续担任班长，以及学生会、护校队、共青团干部，校心语广播社社员。2001年获全国"金世纪杯"作文大赛二等奖；2002年发表小说《荒唐的恋爱》《尊老记》等。2003年，出版长篇小说《悬崖上的生命》（原名《爱情一阵风》）。

点击阅读

乡下孩子在很多人眼中是胆小、畏缩的，但尹忠山不是。他大方、阳光，这是我带他去采访主持人何炅最大的理由。他，做到了。

有出息

从一份资料中看到一篇特别推介尹忠山同学的文章，其中就有前面这段对他的简单介绍。于是，决定与这位男孩聊聊。

我先走访了他的老师和同学。在他们眼中，尹忠山是个开朗活泼、可爱伶俐却不失稳重的小精灵。从上小学五年级起，每个学期他都被同学们推选担任班干部。大家推选他的理由之一，就是他的作文写得好。加上他强烈的责任感和豁达的胸怀，在学校里，极具亲和力。

此时，一位身体比较结实、脑袋有些大、面带笑容的高个男孩站在我面前。第一眼见到，我便立刻喜欢上外表质朴憨厚的他。

我笑着说："是尹忠山同学吧？看过你写的文章，很喜欢。""是的，您好！我的名字是不是有点怪呀？居然与伟大的孙中山先生同名。不过，说不定我今后也会有些出息哟。"没想到这孩子没有一般小孩惯有的拘谨，一开口还很风趣呢。我们的谈话就此开始。

提起写作文，尹忠山挠着后脑勺说："我对文学发生兴趣还有个'曲折'的过程呢。" 说起来，不得不提到一件事，也正是因为那件事，平常讨厌写日记和作文，作文总"保持"在及格水平的尹忠山变得喜欢起写作文了。

还可以

那还是上小学四年级的时候。正值八月十五中秋佳节，在湖南医学院工作的叔叔也回家团圆来了。奶奶好久不见这个最小的儿子了，高兴得合不拢嘴，而小忠山比奶奶还要高兴，因为两年不见小叔，又可以得到他送的一点儿小礼物呢。晚上，叔叔关心地询问他的成绩怎样。"还可以，语文94分，数学98分。"小忠山边吃月饼边骄傲地回答。"还可以？那你的作文写得怎么样啊？"听着叔叔有些严肃的话语，小忠山一下子愣住了。叔叔啊，你为什么偏偏要问这个问题呢？我可是最怕写作文了，一提作文就头疼呢。

"怎么样，看样子也是'还可以'喽？那这样，给你一个半小时，写一篇作文给我看看，题目就叫《我的叔叔》。"没办法，叔叔的话不可不听。

于是，小忠山乖乖地来到自己的房里，呆呆地坐着，痴痴地想着，却不知如何下笔。于是，干脆东张西望起来。

"有了！《作文大全》里不正好有一篇《我的叔叔》吗？"离叔叔规定的时间只有半个小时的时候，小忠山忽然想起叔叔不久前寄过来的一本作文选。"管他三七二十一，抄！"一秒钟都没有犹豫，小忠山将原文一字不漏地抄了下来。

叔叔接过小忠山得意地递过来的作文本，看完后一言不发，转身递给当中学教师的亲戚。从他们的表情中，小忠山感到不妙。从亲戚手中接过本子，细细一看，天哪！那篇文章是作者写给死去的叔叔的，抄的时候可是完全没去理会其中的意思呀。我这不是在诅咒叔叔吗？小忠山的脸在那一刹那，热得如燃得正旺的炭火般，羞愧极了！

叔叔并没有责怪小忠山，这可完全出乎小忠山的意料。叔叔摸着他的头，温和地说："嗯，写得不错。以后多努力，一定要把作文写好。有志者必成大器。一年后，我再来考你！"叔叔越是这样温和地对他，小忠山心中便越是难受。于是，经过这次抄作文的"惨痛"教训，他发誓一定要把作文写好，用最真实的文字，将自己最真挚的感情记录下来。

从那晚开始，尹忠山每天都阅读关于写作的资料，每天都逼着自己写一篇文章，想写的时候就立刻动笔，不想写的时候更是用心去琢磨。每次写完后，又一遍一遍地查找错别字，修改病句，给语言润色，使句子更加生动精练。同时，他也准备了一个记录本，随时记下那些无意间想到的好句子。另外，尹忠山还有一个值得一提的优点，那就是不懂就问，只要遇到不懂的地方，便一次次地向爸爸、妈妈，还有老师、同学请教。时间一天天过去，尹忠山的文字也一天比一天精彩起来。与从前相比，错别字少了，语言通顺了，叙事清楚了，平常的作文分数也由及格慢慢地上升到70、80甚至90多分了。

一年后，叔叔再来他家时，他交上了精心写作的《这件事，改变了我》，将之前那件事记述下来，并进行了较深刻的思考。终于，叔叔脸上露出了欣慰的笑容，并特意带来几本作文选作为对他的奖励。这篇作文被热心的老师推荐参加了全国征文大赛，获得了二等奖。

升入初中后，尹忠山进了校广播社，更是增加了许多锻炼的机会。播写新闻通讯，采编一体，做得像模像样。

读完初一的那个暑假，尹忠山不小心摔坏了腿，便休学一年，在家养伤。这一年，是尹忠山学习写作的过程中较为特殊的一年。他大部分的时间都将自己扔在书房里，一本又一本地"啃"着世界名著等课外读物。由于博闻强记，勤于思考，他的思想也逐渐变得深沉起来。

写小说

这一年，他与最要好的同学、同样喜爱文学的郭永标合作完成了8000余字的小说《荒唐的恋爱》。这篇描写同龄孩子盲目模仿、不思进取等畸形状态的小说，与另一篇由他自己独立完成的小说《尊老记》一道，入选《全国初中生作文精选》一书。与此同时，他的作文还两次获得市级作文竞赛一等奖。

伤愈返校后，尹忠山仍然毫不松懈，继续不停地写作。2003年1月，他开始动笔创作描写青春期学生心理骚动与变化的长篇小说《爱情一阵风》。没承想，就在文稿即将完成时，却在期末的某一天放学时不翼而飞，怎么也找不到了。几个月的心血付诸东流，尹忠山又气又急，茶饭不思。在爸爸妈妈的帮助下，终于将心态调整过来，又在暑假凭着记忆，将遗失的大部分文字补充恢复，并继续进行后续部分的创作。经过多次修改，小说日趋成熟。同时，他将小说的原名《爱情一阵风》改成《悬崖上的生命》，使其更具警醒性。

在谈到自己的创作体会时，尹忠山认为写作与做人完全是一回事。只有先学会做人，然后才能把作文作好。在学校，有的同学曾笑着说尹忠山是个"天才"。尹忠山听了，淡然一笑，称自己很早以前是有过成为一名天才的想法，但是目前，他反倒更愿意成为一名"白痴"。因为他总觉得，天才与白痴往往只有一步之隔。而要跨过这一步，使自己由白痴变成天才，就得谦虚好学，厚积薄发。

"有志者，事竟成。"这是告别时我对他说出的话。

一语道破

时不时地在QQ上聊几句，向我问声好。做着自己人生的精彩主张，收获着自己人生的丰硕果实。

遇见：2004年

后续

采访他的那一年，他曾以小记者的身份与我一起采访主持人何炅。后来参军入伍。退伍后，从事家庭产业。仍然没有放弃文学梦，最近刚创作完成一部长篇军旅小说，等待出版。

以"漫写"的方式寻找快乐

陈墨，1990年出生，曾就读于湖南师大附中。陈墨从小喜欢用画来表现他眼中的世界，4岁开始在报刊上发表儿童画。从小学一年级开始，陈墨用"图画故事"、"图画日记"和"图画作文"的方式来反映自己的生活。五年级时，他创作了108幅《水浒系列人物漫画》以及反映学校生活的大量作品。初中一年级时，他又创作了《名言漫画》200幅。陈墨的作品曾经在《初中生》《同学》《少年作文辅导》《湖南日报》等报刊发表。2004年4月，他的图画日记《纸上的风景》正式出版。

点·击·阅·读

2004年4月的一天，由湖南省图书馆与湖南美术出版社联合举办的"亲子共读——《纸上的风景》阅读座谈会"上，一本漫画与日记相结合的图书《纸上的风景》引起了在座家长、学生与专家的浓厚兴趣，由此引发了"亲子共读"的话题。"亲子共读"这一培养子女、沟通情感的有效方式再度被大家所接受。这本图书的作者便是未满14岁的陈墨，一位喜欢以"漫写"的方式获取快乐的孩子。

"漫画"与"日记"：最佳表达方式

陈墨刚满2岁时，就常常拿起画笔在空白纸上随意涂鸦。渐渐地，绘画成了陈墨的一种习惯，他从中获得许多从别处不能得到的乐趣。他对世界的最初感受就藏在那支小小的画笔上，笔端连接着他的内心世界，蓝色的天空、绿色的草地与各色的树叶都在他的幻想里呈现。他沉浸在自己的世界里。一次语文课上，陈墨忽然想到一些人物，便下意识地开始在作业本上画了起来，忘记此刻正是上课时间。一节课下来，陈墨的作业本被他画满了各种各样的人物。还有一次，老师无意中拿起陈墨的课本，顿时大吃一惊，原来课本上的空白处全被陈墨画的人物填满了。

上小学三年级时，陈墨接触了著名画家贺友直先生的连环画作品，特别是那本《贺友直画自己》对他影响很大。边看图画边读文字描述时，陈墨想，图文并茂是多好的表达方式啊！就这样，陈墨决定在写日记时，把日记中的场景用漫画的形式表现出来，如连环画般图文结合。陈墨称他的这种作品为"漫画日记"。这种以漫画与写作相结合的方式被我笑称为"漫写"。他从这样的"漫写"中感受到了极大的快乐。几年下来，陈墨积累了几大本漫画日记。

进入五年级，陈墨萌生了创作"水浒英雄图录"的想法。在捧读《水浒传》时，那些侠肝义胆的英雄，在陈墨心中已经有了大体的轮廓。说做就做，陈墨立即将这一想法付诸行动，一口气画出了近40幅较为精彩的作品。在英雄图录的绘制过程中，陈墨明显感到自己在进步。升入六年级前，陈墨终于完成了一百单八将的所有图录。与陈墨以前的作品相比，这些人物在形态上有了层次与纵深感，比例与表情都有了较大突破，特别是"手"的动作，基本上看不到儿童画的影子了。这对陈墨的绘画生涯来说，是十分关键的一步。

初中阶段，陈墨漫画作品的风格受到古斯塔夫·多雷的影响。看了多雷给《圣经》、《失乐园》与《神曲》所配的插图，陈墨被这位伟大画家的非凡才华所震撼，觉得多雷才是真正成功的插图画家。于是，他暗暗发誓，也要像多雷一样，有所作为。

《纸上的风景》：仅仅是开始

陈墨爱写日记，也爱画画，并且常年不懈地努力着，从不放弃。2002年，他将自己在2000年9月至2002年7月期间所创作的漫画日记精选出一部分，正式出版。这是他的第一部个人作品集。陈墨给作品集取名为《纸上的风景》。在陈墨眼里，一切都是风景，人是风景，故事也是风景。在他的"风景"里，有许多旁人所不了解的美好。他从自己的"风景"中获取属于他的快乐。

著名作家兼漫画家何立伟先生为《纸上的风景》作序，对陈墨的努力给予了充分肯定。在这本书里，陈墨并不拘泥于单纯的"写"或"画"，而是以一颗稚气未脱的心将二者融合在一起。如果结合他的图画去读他的文字，更易接近他那敏感而单纯的心。

从作品集中可以看出，陈墨特别注重细节。比如在表现下大雨的场景时，画一些从路边的花盆里溅出来的水，比单纯地画出那些从天而降的大的线条似的雨滴本身，更能让人感觉到雨的肆无忌惮。同时，比较大而复杂的场景，在他的笔下也能从容不迫地展现出来。比如游某寺院的那一组作品，他的文字叙述与线条勾勒都是有条不紊的，从哪儿入手，又从哪儿收笔，哪儿该着重打磨，哪儿该简单扼要地一笔带过，仿佛他就是那个安排场景的人，从容自如。而所有的作品中，陈墨始终保留着自己充满童趣、原汁原味般的感觉，这使得他的作品显现出一种让人无法抗拒的可爱来。

除了喜欢画漫画、记日记，陈墨还有一个爱好，那便是踢足球。虎头虎脑的他是皇家马德里的铁杆球迷，齐达内及卡洛斯的忠实Fans（"粉丝"，崇拜者）。有一次，陈墨因病一连几个星期都没踢球，病愈后重新奔跑于球场时，因为身子太虚弱，没多久就感到力不从心，双脚差点儿控制不住球了。他因此联想到，如果一个人的画画得很好，但因故停笔几个月，那么当他重拾画笔的时候，一定会手感很差，不能充分表达自己内心的意愿。这样看来，绘画和踢球不是相通的吗？二者都是一日不可荒废啊！

正因为有了较好的领悟力与持之以恒的努力，有着对漫画与日记的执着，陈墨才有那么多较好的作品呈现。除已出版的《纸上的风景》外，陈墨的另外两本作品集《漫画名言》与《名言漫画》于2004年12月同时出版。陈墨的作品集能够接二连三地被人承认，这对他来说，是莫大的鼓励。但小小的他，一点儿也不骄傲，一如既往地画着他的漫画，记着他的日记。正如陈墨的母亲——作家叶梦女士所说，"绘画只是陈墨表达生活和释放心灵的一种手段，《纸上的风景》也只能代表他刚刚开始自己的艺术道路"。作为家长，叶梦女士很欣赏儿子的文字与绘画，但也希望他提高素质，更加全面地发展。相信陈墨会一如既往地努力，最终实现自己与母亲的愿望。

一语道破

虽然说，三岁定八十。但人生的轨迹，也有不尽如昨日的。不知陈墨，又走到了什么样的路口？听说相当有韵味。

遇见：2004年8月

后续

后来又出版了《漫画名言》《名言漫画》。小学、中学、大学期间曾经在多个报刊开设漫画专栏，为多本书绘制插图。2008年于湖南师大附中高中毕业，2012年于湖南科技大学艺术学院版画专业本科毕业，同年考取深圳中学教师编制，目前在深圳市某重点高中担任美术教师。入职3年，带的第一届高中美术专业毕业生在美术高考中取得了优异成绩。陈墨热爱教师职业，业余时间喜欢读书，画自己喜欢画的画。曾经为少年陈墨撰写评论的专家有著名诗人彭燕郊、著名文艺理论家顾骧。著名作家何立伟与著名绘本画家蔡皋联手为陈墨的《纸上的风景》写序和跋。2015年5月，赴清华大学教师高研班进修一个月。

酷爱"爬格子"的少年

冰鹤，本名方家鑫，男，1986年1月出生于江苏宿迁市，从小生长在农村，初中时进入县城就读；酷爱文学，曾在《中华文学选刊·少年写作精选》《中国中学生报》《中学语文》《语文世界》等数十种报刊发表文学作品；曾获第二届中国百佳小记者、第五届"雨花杯"全国十佳文学少年等称号，参加过第四届"中华杯"全国中小学生作文大赛、首届"光明乳业杯"全国中学生作文大赛、全国首届少年纳米小说大赛等竞赛，多次荣获特等奖、一等奖。

点击阅读

"我并非出自书香门第，但有幸邂逅众多出色的老师，在他们的指导下，投身文学创作——虽然暂时还没写出令自己满意的作品。"我与冰鹤的谈话，他开门见山地聊到文学。

这是一个右手写散文、左手写诗歌的孩子。因为成长的过程中住址多有变迁，他的文字里流淌出一种乡村的朴实和城市的妩媚。

"爬格子"的处女作获得全国第一名

2003年初，冰鹤无意中看见《少年文艺》上登出全国首届少年纳米小说大赛的征稿消息，奖品很多，十分诱人。于是几天来，他的内心便再也难以平静下来。因为平时爱写文章，却从没参加过什么比赛，甚至没有发表过一篇作品，加上那些奖品的诱惑，在没有太多的时间进行雕琢，也没有请语文老师进行指导、修改的情况下，他将自己的稿件"偷偷"地寄了出去。

让冰鹤没有想到的是，那一次的投稿竟然引领他真正进入了写作之门。这年3月，《少年文艺》发表了他的参赛作品《童言》。文章刊出后，很多文友给冰鹤来信，其中有大人，也有他的同龄人。本次大赛历时近10个月，在3万多篇参赛稿件中，《童言》脱颖而出，获得了高中组第一名。

赛后，冰鹤向大赛组委会的评委老师请教。当他说到那篇稿件是他第一次参加作文竞赛，也是他发表的第一篇作品时，他们都很惊讶，说真的不像是第一次投稿的文章，更不像是出自一个刚刚才学习写作的孩子之手。听了他们的话，年少的冰鹤"虚荣心"得到了一些小小的满足，他开心地笑了。

"无意中"夺得"小十佳"和"大十佳"

第一次获奖给了冰鹤很大的动力。他觉得自己"是块'爬格子'的料"，就陆续写了一些作品并投寄出去。没过多久，几家国家级少儿报刊相继发表了他的作品共计5篇。毫无疑问，这是对他写作天赋的一种肯定。

2004年4月，宿迁市评选首届全市"十佳文学少年"。学校主持文学社工作的老师说，不管能在全市"十佳"中排多少名，都要把市"十佳"拿下。这是一件值得慎重对待的事情。学校文学社的老师在决定报送人选时，犹豫了很长一段时间。原来，当时比冰鹤发表文章多得多的同学大有人在，不过，他的文章以一种独特的气质高出一筹。最后经语文组老师共同筛选，报送了他的作品去参评。经过多轮评选，冰鹤没有让学校和老师失望，他用心创作的《寻访分金亭的理念》一文被评委们看好，他自己顺利地获得了市"十佳文学少年"称号。冰鹤说，这是一个"小十佳"。

2005年10月，冰鹤听到一个全国性的名为"'雨花杯'全国十佳文学少年"评选活动的消息，即"十大佳"评选活动。这一次，他信心不足，因为当时在他所熟悉的写手中，有很多才气逼人的，比如曹敬辉、张牧笛、黄辉和苏首飞等人，还有方可成、熊静、夏一鑫等人，他觉得他们都比自己优秀。算来算去，他总觉得自己获得"十佳"的希望很渺茫，甚至连入选"优秀文学少年"都比较困难。但是他又不想放过这次机会，加上语文老师来动员，终于赶在截稿当天，将参评作品用特快专递寄了过去。

冰鹤的参评文章中，除已经发表的几篇外，还有一篇刚刚创作的《迷离的孩子》。正是这篇文章为他赢得了不少分数，很多评委对他有很好的印象。这次活动由某杂志社举办，而冰鹤当时在该杂志还没有发表过一篇文章。评委给冰鹤的评语是：有知识，还要有智慧；多读书，还要勤动笔。最终，他获得了第三名的好成绩。他说，入选这次"大十佳"，他感谢评委老师们的无私栽培，今后要争取创作出更多更好的作品来。

文学是理想的，更是现实的

上高二的一个下午，正在上课的冰鹤被一个噩耗击倒：他的母亲不幸遭遇车祸，永远离他而去。当时，他整个人都傻了。好友纷纷安慰他，他大声地喊："不可能，这怎么可能！"在他眼中，母亲是那么善良，多少人唱着"好人一生平安"呀，可是母亲……

母亲的离去让他感觉到生命是如此脆弱，伤心至极的他几乎想和母亲一起走。学校文学社张老师得知此事后，赶紧找他谈话。她用自己的事例来开导他，说，在她家境刚刚好转的时候，原以为可以好好地孝敬父母了，母亲却不幸病重去世。那时她也想到过"死"这个很苍白的字眼，可是她必须更好地活着，因为她那在乡下辛勤耕作的父亲、深爱她的丈夫，还有很多关心她的人都在看着她，她不应该为了自己的痛楚而死去。接着，老师送给他一本《麦田守望者》，并在其中一段话下画了重重的横线："一个不成熟的男子的标志是他愿意为某种事业英勇地死去，一个成熟的男子的标志是他愿意为某种事业卑贱地活着。"

是老师的话让冰鹤放下心头的伤痛，重燃起生活的希望之火。老师还适时地向他推荐一些好书，让他写读后感。渐渐地，冰鹤学会了用文字来慰藉自己那颗受伤的心，用文字来讲述自己的心情故事，也试图用文字来营造一种恬静温馨的氛围，坚强地在属于自己的童话王国里慢慢成长。那段日子，他创作了很多凝聚了心血的作品。他说："我希望，通过对文学的热爱来获得情感上的洗礼和精神上的抚慰。"

卢梭说，我渴望说话，却不在乎别人是否听。"是的，在那些日子里，我疯狂地喜欢上了写作，我让我的文字站出来为心灵说话——我希望有众多的人通过我的文字，听到我心灵的呐喊。"

将理想的目光切入现实的内核，这样的表达才会更有深度，也更有力度。

一语道破

曾经身为学生的采访对象，如今已为人父。世事变迁，不变的是少年时的心愿。幸好。

遇见：2006年4月

后续

获2009年冰心儿童文学奖新作奖，毕业于中国矿业大学，宿迁市文联首届签约作家，曾为某晚报编辑。现辞职，自主创办了一家教育培训机构。著有《另一种成长的道别》《小城少年的故乡》《不一样的作文课》等作品。

"童话"中走来的"跆拳道皇后"

李玮琳，女，1988年出生，属龙，祖籍长春，曾就读于湖南省长沙市第一中学，一个明目张胆地对钢琴、小提琴和跆拳道"半途而废"，却对小说创作情有独钟的女孩。高三之前，李玮琳已出版小说《柠檬树下·三人舞》和《跆拳道皇后》，创作完成心理悬疑小说《三条巷7号》。

点/击/阅/读

　　健康、阳光，李玮琳浑身似乎有一种光芒四散开来，影响到身边的朋友……

自由成长

　　"倘若换个成长环境，我没法写出这么多小说来。"说到写作，李玮琳首先提到她自由宽松的成长环境。

　　李玮琳的童年是完全属于她自己的童年。她玩她的童年游戏，玩父母的童年游戏，甚至玩爷爷的童年游戏。如果她对什么感兴趣，在父母的经济能力范围内，他们是不会吝啬投资的。李玮琳只是觉得好玩，父母以尝试、参与为目的，根本不苟求她来个怎样的回报。"快乐的童年，就是我一辈子享用不尽的财富——它让我看世界的目光，充满光明、自信、好奇和敏感；它让我面对阴暗、不公、强权、挫折时，有一种抗争和征服的欲望；它给我亲近自然的诸多机会，让我感动于树木花草、飞禽走兽的美好和谐。"从李玮琳这段话中，听得出她对父母深深的感恩之情。

李玮琳说，自己现在取得了一些小小的成绩，是因为父母给了她比同龄人更多的自由。作为女生，她可以练习跆拳道增强体质，举哑铃来长肌肉，可以看《卫斯理》等科幻小说，甚至可以像"夜猫子"一样，把黑夜当作白天地写小说。面对竞争越来越激烈的中考、高考，同龄人被父母逼着去参加各种培训班、补习班，李玮琳却没有这样的担忧。李玮琳的文学作品《跆拳道皇后》就是在中考前后完成的，这一点儿也没有影响到她的考试。

在李玮琳的印象中，父母生活得踏实而快乐，不因攀比或埋怨而破坏家庭的幸福温馨。他们简单而阳光的生活态度，给了李玮琳自信和平和的成长环境。

受益于这样的教育理念和民主、温馨的成长环境，李玮琳有了思想的成熟和敏锐。在老师和同学眼中，李玮琳的个性不循规蹈矩，但也不轻易出格；不人云亦云，但也不标新立异；比较冷静，比较客观，比较尖锐，比较真实。

阳光写作

李玮琳说她根本没有刻意去追求文学创作，在学校时作文也并不被看好，一般就是七八十分而已。她喜欢写一些故事，两三万字、五六万字的故事常常一气呵成。每天晚上写五六个小时，四五千字，一杯咖啡相伴。李玮琳说她写作有个习惯，就是绝不事先构思，灵感一来，就集中一段时间进行创作。创作时，她时刻把自己当作读者来审视小说内容，替读者去猜测结局，因此不到最后几页，小说的悬疑始终无法解开。

写小说是为了创造生活。在李玮琳眼中，现实生活中的种种痛苦，在小说中也许能变成快乐的结局，现实生活中的种种遗憾、压抑，在小说中也许变成了完美和释放。创造生活是写作者最大的享受。

真实、敏锐地感受自己和周围的世界，李玮琳写了她这个年龄段的孩子所不能回避的友情、爱情、亲情，写了他们在成长中的烦恼、苦闷和快乐，记录了她周围的同学（包括她自己）心理上产生的种种问题。她的目的很简单，就是希望其他人能了解她这个年龄段的孩子，理解他们，不要脱离现实地要求他们，甚至一厢情愿地拿他们做实验品。

可爱的李玮琳

李玮琳加入了学校的文学社，在老师的指导、帮助、鼓励下，实现了她想表达、交流、沟通、提高的愿望。高一时，为了写悬疑小说，李玮琳专门研究了半年心理学。为写出更真实的心理感受，李玮琳向学校心理咨询老师毛遂自荐，当了一名学生心理咨询师。

每个人对生活的感受都是不同的。对社会负责、对自己负责，展现生活的一个侧面，表达自己的感受，提倡光明，抵制黑暗，是李玮琳写作的宗旨。对于韩寒、郭敬明这些人气很旺的"80后"作家，李玮琳表示她不会盲目崇拜。"韩寒的作品我比较喜欢《三重门》，但灰色味道太浓；郭敬明的作品则比较小资，离现实空间太远。"李玮琳说，"我进行的是'阳光写作'，我要创造出最能体现我们大多数青少年生存状态的作品。"对于有的孩子因为追求其他东西而放弃高考，李玮琳说："我一定会参加高考。大学里的学习对我今后的发展是必需的，我将充分利用在大学的时间扩充自己的知识储备，这样才能酝酿出更好的作品。"她还说："我真诚地希望我们这一代人能肩负起国家的重任，尽我们的力量，把美好的世界留给我们的下一代。"

风云人物

从李玮琳已经创作完成的小说来看，平均28天她就能创作出一本10万字的小说，速度惊人。李玮琳的速度可不光表现在写作上。一次，班上一位男生开玩笑地从背后偷袭她，李玮琳本能地手肘一记倒拐，男生向后弹出3米多远，惹得全班大笑。李玮琳"警告"他："下回大哥想单练，可要提前通知我一声，这么一突袭，我应急反应时手脚没轻重哟。"男生从地上爬起来，抱拳作揖说："大姐，干脆您就收我为徒吧。"逗得李玮琳大笑。

别的小女生喜欢上网聊天听音乐，李玮琳却像个假小子，头发剪得比多数男生的都短，穿的也全是休闲衣裤，没有裙装。

出版了小说又会跆拳道的李玮琳在学校很引人注目，算是校园中的风云人物。一位同学在给李玮琳的初中毕业留言中写道："忘记谁，都不能忘记你。"看到有的同学把自己当"明星"看时，李玮琳才表现出一些小女孩特有的羞涩。她说："作为一本书的作者呢，大家喜欢我的书当然是最值得高兴的事了，但是我不认为自己是明星。我们这一代人由于生活条件好，每个人都有自己的优势，藏龙卧虎，我只是把我的特长展现出来，而大家接受了我，仅此而已。""不过，说到跆拳道吧，一般的男生根本不是我的对手。"刚刚谦虚完，她又补了一句，真的是傲气十足啊。不过，李玮琳可不是在任何方面都能坚持到底。譬如她学钢琴和小提琴演奏，都是半途而废。学跆拳道呢，初学时确实很刻苦，经常在拳馆与男生对练。学了一个月，就拿到黄带，第二个月就拿了绿带。可是此后，她就很少去跆拳道馆正儿八经地训练了。对这些，她可是有自己的说法的。她说，这些经历让她的人生阅历变得丰富了很多，对她的写作大有裨益。她的伶牙俐齿，由此可见一斑。

一语道破

昔日假小子如今还像假小子吗？

遇见：2006年10月

后 续

2006年末，李玮琳与另外4名女中学生加入湖南省作协。消息传开后，引起的不仅仅是惊讶与喝彩，同时而来的还有社会各界对湖南省作协及这几名"80后""90后"作家的质疑之声，从而引发出这场文坛大讨论。

看天空飞的云还有梦

李悦嫣，1994年1月出生，女，籍贯湖南张家界，曾经的少女作家，出版过《把爱寄给天使》等校园小说。不追星，但喜欢周杰伦的《白色风车》，喜欢它的清新纯净。

点击阅读

像一声意想不到的清脆鸟鸣将我们的耳朵唤醒，没有任何邀约，一部名叫《把爱寄给天使》的小说将我们平静的生活激起漂亮的涟漪，一个温暖而充满爱的故事带我们去找寻美丽的天使，祈求我们的爱通过好心的天使传遍世界的每一个角落。在校园中流行的这部小说，讲的就是发生在我们身边的故事，它离我们那么近，和我们的呼吸、心跳在同一个频率。讲述这个故事的，是和我们同龄、年仅12岁的女孩李悦嫣。

爱如天使般纯净

尘衣：为什么写了这本书？

李悦嫣：写这本书更多地是想去关注小孩的心理状况。觉得大人跟小孩是有心理隔膜的，希望大人了解我们更多一点。

尘衣：是不是可以说，这本书更多地是写给大人看的？为什么？

李悦嫣：大人可能会觉得它有点儿幼稚，但还是能从中了解到很多我们的情况。不过我觉得，读它的还是小孩比较多吧，因为它比较贴近生活，毕竟我也是一个小孩子。

尘衣： 在你的小说和很多文章中离不开一个意象，那就是天使。为什么你那么喜欢天使？你对"天使"是怎么理解的呢？

李悦嫣： 我觉得天使是最纯洁的，在人们的心中可以成为一种信仰。

尘衣： 为什么是把爱寄给天使，而不是请天使给我们多点爱？

李悦嫣： 因为有的小孩性格不是完美的。把漂流瓶寄给天使，里面装了我们的愿望，也希望天使能帮我们带给大人，实现大人的愿望。

尘衣： 其实天使就在每个人心中，我们每个人都应该向天使靠拢。

李悦嫣： 嗯。

尘衣： 和你同样大的孩子有没有觉得你在向他们传递爱，认为你就是一个可爱的天使？

李悦嫣： 是的。有网友称我为天使，也希望寄给我爱。

那些斑斓的青涩岁月

尘衣： 跟朋友或网友交流最多的是什么？

李悦嫣： 学习也谈，但谈杂事的时候更多。

尘衣： 会谈到怎么花钱吗？你的零用钱会怎么用？你对金钱有什么样的理解？

李悦嫣： 会。我的（零用钱）每天除了吃东西，还省下一点儿，和朋友出去买书或贺卡等。我觉得钱是不可缺少的，但多了也不好，如果钱过多就很容易满足于现状，不能取得更大的进步。我们现在用的是父母的钱，是血汗钱，所以要珍惜。

尘衣：不错，我们待会儿谈谈你和父母。先聊聊在你眼中，校园里的流行文化有哪些。

李悦嫣：很多人喜欢在校服上画画，美化校服。虽然校服不好看，但毕竟是校服，最好保持原样。

尘衣：哦？是不是说，你并不是一个表现出格的孩子？

李悦嫣：有时候会有点出格，但不很出格。我也在自己的校服上钉过小钉。因为老师没有说明（这样不行），我就觉得好一点儿。再说，小钉也不显眼，所以就玩一下。

尘衣：现在很多的中学生追星，有的人为了追星会做出出格的事。你追星吗？怎么看这一现象？

李悦嫣：不追星，但喜欢周杰伦的《白色风车》等歌曲。《白色风车》清新纯洁的风格我很喜欢。追星并没有错，明星有值得喜欢的地方，但要有个度。最重要的是可以去喜欢明星，但不要太盲目了。像疯狂崇拜刘德华的杨丽娟就很不好，要合理地去喜欢一个偶像。

尘衣：追寻潮流方面，你自己或你同学都有什么需要改变的地方？

李悦嫣：追求时尚。其实我也很新潮，喜欢买流行的东西。妈妈要买红色的衣服给我，说小孩穿着漂亮。但我自己喜欢白色，它淳朴、干净。看到一些高中生打扮得很另类，过于追求时尚，显得不太正常。

为大人小孩搭一座沟通的心桥

尘衣：你对妈妈遭遇的那场车祸有印象吗？

李悦嫣：没有什么印象了，那时我只有两岁多。

尘衣：你眼中的妈妈是什么样的？

李悦嫣：可能受车祸的影响，她脾气大，会因为一些小事跟我吵架，但总的来说，很关心我，对我很好，什么事都为我想得很周到。

尘衣：每次吵架后，你会不会很久不理妈妈？

李悦嫣：一般吵架后，过几分钟就好了。

尘衣：跟大人发生摩擦都表现在哪些方面？

李悦嫣：主要是细节上的事。就拿写作来说吧，爷爷奶奶思想古板一些，他们反对我写作，觉得我浪费了时间，总是待在电脑前又浪费了电，还会对成绩有影响，以后考不上大学就没出息。但爸爸很开明，和我观点接近，说成绩好不代表其他方面也是成功的，只要努力过就好。

尘衣：听说你以前不太爱跟人玩，后来终于出去找同学玩，结果有人背后说你影响了别人，让你知道了。这件事有没有伤害到你的自尊？

李悦嫣：有。那是上小学时，我奶奶总说我不出去，只知道写东西，总对着电脑不好，但等我出去她又觉得影响学习。

尘衣：也就是在跟大人的交流中，觉得自己把握不好一个度，这也不是那也不是？

李悦嫣：是的。为这事妈妈也要我尽量注意点，我就跟她吵了起来。后来我就想，大人和我们的想法根本不是一样的，不如把它写下来，把我们的世界展示出来，使大家多一个沟通的渠道。

尘衣：于是有了这本《把爱寄给天使》？有点戏剧性啊。现在心情好些了吗？有没有好的解压方法？

李悦嫣：这一阵我脾气不好，偶尔仍然会跟他们吵。因为上初中了，压力大，没小学那么轻松。至于解压方法，因为有些事不好跟家长说，就写日记。爸爸给我买的日记本很漂亮。我喜欢唯美的东西，在上面写起来心情就好些。

成为作家是最大的梦想

尘衣：为什么想出书？

李悦嫣：因为出书是对我的一种鼓励，可以让更多的人欣赏到我的作品。

尘衣：以前发表过文章吗？

李悦嫣：在本市日报发表过，处女作名字是《向往乡村的生活》。

尘衣：最向往的是这个吗？怎么看梦想？

李悦嫣：梦想是自己心中的一个信念，得靠自己的努力实现它。

尘衣：你的梦想是什么？怎么才能实现它？

李悦嫣：当一名作家。我觉得写作不是特别困难的事情，只是需要多练笔。还有，要看自己有没有这方面的爱好，如果喜欢，再加上勤奋，就可以做好。

尘衣：兴趣浓确实对写作有好的作用。在写作上遇到过什么困难没有？

李悦嫣：有时候写得不太好，会有人说一些让自己不开心的话。但我还是坚持走自己的路，让别人去说吧。

尘衣：现在有新的目标吗？是什么？

李悦嫣：有，完成第二部长篇小说《那片天空有点涩》。也是校园小说，反映不听话的孩子的心理状况。

尘衣：你自己是不是听话的孩子？

李悦嫣：任性、极端，想做的事就一定要做到，不会轻易放弃。我以前有个好朋友不听话，经常在外面玩，和出格的孩子玩，但在我看来，她的内心并不坏，很好。我自己有时候也不是特别听话，不听话的孩子也不是什么都不好。

尘衣：所以你想，她并不是不可救药，觉得自己可以去改变她？

李悦嫣：应该可以。只要她内心不被别的东西污染的话，她想做什么，应该给她自由。

尘衣：其实好孩子也会犯错误，坏孩子肯定也不是每个方面都是坏的。这就是成长。

李悦嫣：因为我们都叛逆，是正常的，长大后就会好了。

会有些无奈的事

尘衣：上网的时间多吗？

李悦嫣：不多，因为作业多，有时候做到晚上9点多，一般在10点睡觉。

尘衣：觉得这些是负担吗？有没有想过要去改变一下？

李悦嫣：中国的教育方面我觉得有问题，中国孩子太累了。但国外不同，国外的孩子学得轻松，长大后一样有出息。中国孩子学的理论知识是多一些，但实践方面弱一些。

尘衣：你实际上没有拒绝过（这样的教育）？

李悦嫣：这样只会惹来老师对我的反感。

尘衣：是有些无奈。你上网主要是上论坛还是QQ?

李悦嫣：除了写作还玩游戏。最喜欢玩小游戏，不太冒险。

尘衣：你的QQ是哪来的？

李悦嫣：是爸爸帮我申请的，我现在就用的这个号，因为它的等级高些。

尘衣：那爸爸也是你的好友？

李悦嫣：把爸爸删除了。

尘衣：哦？

李悦嫣：爸爸曾经默默地化名上网，在网上点评我的作文，几乎每篇作文他都留有鼓励的话。后来被我知道了，我很感动的。但是我想QQ是用来放松一下的，他却总喜欢在上面说要我认真学习什么的，我觉得有点烦。有一次清理QQ，就连他也删除了。我也没有去加他，因为他后来没用那个号码了。

尘衣：那今天爸爸也在这里，我想爸爸知道女儿的想法了吧？对了悦嫣，回去后把爸爸的新号码加上吧，至少看到它就像看到爸爸忙碌的身影，会让你有一种依赖感、安全感。对吗？

李悦嫣：嗯。

尘衣：你一直不大出门，那有自己喜欢的体育运动吗？

李悦嫣：没有特别喜欢的，但喜欢溜冰。

和我们一样，这是一位正在长大的孩子，有点叛逆，有的时候会跟家长来点小小的摩擦。但是大多数时候，她是个乖乖的孩子。她有自己的天地，有自己的理想，还有自己的主张。这个与天使为伴的孩子，这个在沉静中深藏火热力量的孩子，"当一名作家"是她最大的梦想。她说会一直努力地写下去。如果真能坚持下去的话，那么不远——离她梦想成真的时候一定不会远的。

一语道破

那时，眼睛中的叛逆其实是很明显的。

而今，还有那么坚持吗？

遇见：2008年1月

后续

之后没有出版过实体书，一直在网上写了好几部小说和不少散文，如小说《90后疯狂青春：艺校女生》，也没有收费，就是想写，爱好而已。我们在QQ上交流时，谈到自己的近况、心路历程以及对写作的看法，李悦嫣说："写作对我来说，是一种表达，人生的需要。没有目的，但是不能缺少。我始终觉得有些东西是一个人的事情。我始终觉得有些东西是神圣而不可混淆的。许多年过去了，虽然心境又不一样了，但是对于写作的基本态度，我还是没有变的。因为需要，因为真心喜欢，是我心灵不可或缺的一部分，我不需要用它来换取利益。如果你所热爱的一件事情变成了你的工作，变成了你必须要做的事情，变成了你需要用来换取价值的东西，那么它也就失去了最初的意义。写作和生活是分开的，一切你所爱的东西和生活都是分开的。我的文字可以与众人分享，我的生活却不可以。我只想继续我的安静生活，我讨厌别人的窥探，那让我恼怒。我不想为别人改变自己的生活状态，更不想改变我这个人。我就是我自己，别人的认可或者鄙夷我都不想太在意。我不想成为世俗的奴隶，不为了取悦别人而活。我只是一个用心的表达者，一个单纯的织梦者，而并非一个工作者，更谈不上是一个作家。我的写作就是写作，而不是制造。"最近李悦嫣正在某地实习，想借此获取一份经历与锻炼，打算过几年后，开个属于自己的美好的小店。

安静背后是奔放

王电甜，女，1991年出生，射手座，曾就读于江苏省江阴市暨阳中学。外表安静腼腆，内心蓬勃冲动，有极强的征服欲，对未来深具信心。除写作外，最爱对着一棵树静想，喜欢色彩明亮和节奏感强的Rap（说唱），喜欢跆拳道。曾获"中华民族精神代代传"读书征文竞赛一等奖、中国教育学会、新浪网和浙江少年儿童出版社联合举办的"爱好教育——中国孩子情感日记征文大赛"优胜奖、人民文学杂志社主办的"新人杯"首届中国校园文学作文大赛一等奖等。

对付比赛的办法是深呼吸，深呼吸……

点击阅读

"天空出奇的纯净，风偶尔在头顶拂过，没有声音。我离云儿这么近，我似乎融化在蓝天里了。我扑动着笨拙的四肢，这一次是真的飞了。一瞬间，我成为千古童话。"

因读而写

上面这段犹如歌词般优美、富有韵律感的话，出自作文《飞翔的青蛙》。文章作者是一名年仅13岁的少年，江苏省江阴市暨阳中学的女生王电甜。正是凭借这篇作文，王电甜一举夺得由人民文学杂志社主办的"新人杯"首届中国校园文学作文大赛一等奖。

"1、2、3、4……"让我们一步一步，跟着王电甜，回到记忆中的童年。那时，她第一次接触到《格林童话》。每天临睡前妈妈必做的事是给她讲故事。无数个夜晚，她需要一遍遍地听妈妈朗读《白雪公主》，否则不能入睡。那样的故事让她感到百听不厌。她说，大概那就是自己第一次感受到文字的魔力。

一个感情细腻的孩子往往更容易对文学产生兴趣。因为读得太多，王电甜发现自己在阅读的过程中产生了很多想法，觉得一定要将它们表达出来。就这样，她喜欢上了写日记和作文。记得上小学六年级的一天，老师通知大家说江阴市要在全市范围内举办2003届小学毕业生作文竞赛。虽然平时很喜欢"舞文弄墨"，但是，王电甜从来没有参加过一次如此规模的作文竞赛。她跃跃欲试，悄悄地准备起来。第二天，她怯生生地将作文交给老师。出乎王电甜意料的是，她的作文竟然获得了一等奖。要知道，交上去的时候，她还以为自己最多只能拿个优秀奖呢。

这次获奖使王电甜写作的兴趣大增。此后，不到3年的时间里，她先后参加过多次省、市乃至全国性的作文大赛，并且取得了相当不错的成绩。比如，她参加由中国教育学会、新浪网和浙江少年儿童出版社联合举办的"爱好教育——中国孩子情感日记征文大赛"，获得了优胜奖；参加"中华民族精神代代传"读书征文竞赛，获一等奖。

希望全面发展

写作的时候，王电甜特别注意语言的运用，她认为写作首先应该在语言上有自己的风格。她发誓要从心的最底层把禁锢自己思想的绳索一根根解开，写出最美丽的文字来。这些文字应该可以让人看后会笑，或者哭，当然少不了思索。她想，能做到这样就够了。写作文时，她喜欢用比喻，常常妙语连珠。她说每一样东西都是鲜活的、立体的，它们都有自己的秘密。"倘若它们是静的，我希望通过我的语言让它们动起来；就算它们是动的，我也同样希望通过语言描述来使它们更加富有朝气。"你看，在《姐姐，触动了我的心灵》一文中，她这样描述自己的"姐姐"："我常常想，如果把姐姐比作一种植物，那该是一种多么顽韧的植物啊，就像一株纤柔的藤蔓植物，哪怕是遍体鳞伤也死死缠绕在它终生守护的东西上。"姐姐顽强的性格以及对生活的执着，被她活灵活现地描绘出来。又比如在《琴结》一文中，王电甜对自己9年来的课余学琴生涯进行了一番小小的回顾。对于学琴的个中艰辛，王电甜描述得比较简明扼要:有一首校园童谣《蜗牛和黄鹂鸟》描写到，黄鹂说葡萄成熟还早得很呢，现在上来干什么？蜗牛说黄鹂鸟你不要笑，等我上来葡萄就成熟了。而我就是那只勤勤恳恳的蜗牛，钢琴最高级别证书是最甜美的葡萄。我尝到了，高兴了……9年过去，王电甜顺利通过了九级认证。我想，这其实也是生活对她不懈努力的最佳认可方式。

作为班上的学习委员，王电甜时刻告诫自己，在学习上要起带头作用。王电甜的班主任说，每次上课时，王电甜就像她的外表一样，文文静静的，向来说话细声细气的她上课不怎么发言，但她总是在思考，老师提问，她一般都能回答出来。班主任还说，电甜的学习成绩很好，她做语文题目时，阅读理解题经常不扣分，因为她理解能力强，语言表达到位。电甜在学习上很均衡，不偏科，常常能拿到年级第一名。其实也没见她花太多时间，之所以有这么高的学习效率，跟她平时能专心地听课是分不开的。

王电甜喜欢那个青春飞扬的张悦然，喜欢张悦然作品中表现出来的那种世界经典童话般的纯美、日本动漫般的清丽脱俗、芭蕾舞般的优雅和流行歌曲般的动情……她更欣赏彭扬，认为彭扬是一个全才，在表演、音乐、绘画和文学方面都表现得那么优秀。她认为自己就应该做一个全面发展的人。所以，除了在写作上表现不错外，她在其他方面的表现也相当优秀。她的班主任满脸自豪地说，这个孩子综合素质很好，学习方面文科、理科都好，并不顾此失彼，上初一时，她就获得过全国"华罗庚金杯"少年数学邀请赛决赛二等奖呢。

对付比赛有绝招

平时或者每次比赛前，王电甜非常善于调控自己的情绪，有一套让自己瞬间轻松应对的独门方法，用她自己的话来说，那就是深呼吸，深呼吸……或者想象一些美好的东西，比如妈妈煮的一碗素淡却香气四溢的粥，或一盆努力开花的植物等，让自己保持一半轻松一半兴奋的最佳状态。她说只有这样，才能保证不会失常，甚至还能超常发挥。

在安静背后，外表文静的王电甜却有着一颗热情奔放的心。她热爱自己所从事的一切活动。无论参加哪种活动，她都让自己全身心地投入其中。她说，要么不做，要做就做得最好。

因为外出，王电甜有一个月没有碰触心爱的钢琴了。才一个月，钢琴上就覆着一层薄薄的灰尘，好像尘封了很久。撩起丝质布帷，翻开琴盖，看着那一格格黑白相间的琴键，她手痒痒的，于是扣了指关节，摁下，"当——"声音轻颤着，极低，却足以叩开一个有着声音的盛宴的世界……

一语道破

因为热爱，成功是必然。

遇见：2005年9月

后 续

2009年进入东南大学就读，2014年毕业。

第二部分

艺术

艺术使我们的心灵
变得通透明亮，
时时拔节。

因为歌唱，星星都亮了

黄熙殷，女，1988年出生，6岁登台独唱，小学一年级参加小学合唱团，中学参加学校百合合唱团，多次出国表演，后于中央音乐学院本科及硕士研究生就读，2015年毕业后从事音乐教育工作。

点击阅读

因为热爱，便会为了理想而歌唱；因为年少，便会为了美好而感动；因为青春，便会为了希望而坚持……

2002年7月，一年一度的莱高伦国际音乐节上，来自世界52个国家和地区的27个合唱团及2500多名参赛选手进行激烈的角逐，13岁的深圳女孩黄熙殷以一首山东民歌《包楞调》获得15岁以下女子组民族唱法独唱比赛的第一名，由她担任领唱的百合合唱团则获得了2项独唱第一名、合唱第三名的好成绩。这不仅改变了莱高伦音乐节没有中国人参赛的历史，更使第56届莱高伦音乐节几乎变成了中国音乐节。之后，黄熙殷曾多次随团远赴加拿大进行音乐文化交流，赴英国、韩国、西班牙和中国香港等国家和地区参加合唱音乐比赛。在韩国的奥林匹克音乐节上，黄熙殷又和她的队友们唱出了中国中学生的风采，获得"无伴奏""同声合唱""带表演组"共3个第一名……

在合唱团中的幸福时光

1988年，黄熙殷出生于一个医生家庭。从小，父母就注意培养她各个方面的兴趣和爱好，上学前班之前她就学过跳舞，上学前班的时候开始学唱歌，6岁时独自登台献唱，小学一年级参加小学合唱团，还涉猎过画画、电子琴、钢琴、书法等。毫无疑问，这一切都为她日后的成长奠定了坚实的基础。

进入深圳市高级中学学习后，熙殷加入了学校百合合唱团。

熙殷说，她在合唱团是幸福的，合唱团是她最好的成长土壤。在这里，她遇到了对她影响最深的人——王老师和胡老师。她说，她的集体观念和团队意识就是在合唱团的学习过程中培养起来的。在这个团队中，大家总是互相关心，互相照顾，俨然一个和谐的大家庭。她喜欢急性子的王老师对她的严格要求。她说，这样她才会更加处处注意自律。有时，她还会被老师骂，被骂后仍然一边哭着一边唱着。在合唱团，队员们都学会了怎样充分利用课余时间，怎样在有限的时间里收到最好的训练效果。熙殷很喜欢王老师的教育方式。王老师认为每个孩子都可以成为优秀的孩子，他们的团队也可以成为一个最优秀的团队。她让队员们懂得，在合唱团，不仅仅要会唱歌，还必须"学艺双优"，每个进合唱团的成员都必须做到"三好"：学习好、艺术好、人品好。果然，功夫不负有心人，百合合唱团获得了众多荣誉和光环，成为目前在深圳乃至全国和世界上都极具影响力的学生合唱团。

在合唱团，老师给了熙殷很多领唱机会，使她很快成长起来，成为合唱团优秀的领唱。每次比赛取得好成绩后，老师总是告诫她说，做人要谦虚，要能抵住外界的诱惑，成绩再好也只是过去式，以后还有很长的路要走……
这一切，都让熙殷深深感动，更让她受益终生。

爱它，决不放弃

为国争光的同时，黄熙殷几乎一夜之间成为一个"小歌唱家"。对于一
个学习任务繁重而又天生热爱歌唱的女孩来说，这样的成绩绝非偶然，翻开
她的成长史，我们发现，所有的成绩与她自己的努力是分不开的。

熙殷从小就是个听话的孩子，12岁的时候她就住校了。她一直都能很好
地照顾自己，在合唱团，经常需要演出，每次表演时的化妆和服装都是她自
己打理。在家的时候，她很少看电视，也很少逛街。生长在深圳，她甚至
没去过世界之窗、航母世界、欢乐谷等景点。为了不让自己的文化成绩掉下
来，为了不让父母因为担心她精力不够而要求她退出合唱团，熙殷付出了太
多的艰辛与努力。因为就读的不是专业的音乐学校，她得兼顾专业与文化学
习。不过，两头忙也有好处，让她学会了怎么合理地支配自己的时间。合唱
团对队员的训练没有很死板的规定，所有能自己调配的时间她都利用上了：
早上起床后复习功课，中午休息前多做一点儿作业，晚自习还要留下来多看
一点儿书。

"非典"期间，熙殷的父母作为医务工作者，都站到了抗击"非典"的
第一线，于是，熙殷和很多孩子一样，一时间不能得到大人很好的照顾。懂
事的熙殷便坚强地照顾好自己，不让父母分心，同时默默地为父母及众多
"非典"患者祝福。在广东电视台举办的纪念国际护士节特别节目"心手相
连、共抗'非典'"晚会上，熙殷演唱了一曲催人泪下的《想妈妈》，不仅

感动了现场所有的人，也牵动着电视机前广大观众的心。当时正值母亲节，熙殷的妈妈说，那是女儿这么多年来送给她最为珍贵的礼物。

因为热爱，便会为了理想而歌唱；因为年少，便会为了美好而感动；因为青春，便会为了希望而坚持……在谈起未来的发展计划时，熙殷说，音乐是一个人气质的体现，是思想的表面介质，歌唱是她纯净得没有任何杂质的精神世界和情感生活，如果有一天因为某种原因不得不面临抉择的话，她绝不放弃她所热爱的音乐，因为在她的精神世界中，歌唱才是永远的主角……

你看，因为有了歌唱，熙殷世界的天空，星星都亮了，璀璨而夺目……

一语道破

五官精致，颜值颇高；声音甜美，婉转动人；笑容真切，春风拂面——这是个一切都让人感觉很舒服的少女。长大后，越发出落得标致，成绩斐然，不曾辜负所有爱她、喜欢她和鼓励她的人。

遇见：2005年8月

后续

当网上流行"主要看气质"的时候，黄熙殷也发了一张照片。一直记得她当初的模样：灵秀、可爱，五官呈黄金比例排列，非常惹人喜爱。现在的她，出落成了一个大姑娘，仍然美丽，更添了气质，是实实在在的"全天然美女"。她热心公益，常常参加一些公益活动。外表美与心灵美有机结合，这就是现在最好状态的黄熙殷。

2007年，黄熙殷以优异的成绩考入中国音乐学院声乐歌剧系民族声乐专业本科，2012年考取中国音乐学院声乐歌剧系民族声乐专业研究生，先后师从于中国音乐学院刘畅老师和中国音乐学院研究生导师、著名声乐教育家马淑明教授，曾赴加拿大、英国、韩国、西班牙、中国香港、中国澳门等国家和地区演出，受到海内外观众的热烈欢迎。

2008年，黄熙殷获得"和谐中国"情歌声乐比赛全国十佳歌手奖；2009年获得"全球华人艺术风尚盛典"系列活动——第二届艺术大赛民歌组银奖；2010年3月参加由深圳文化部的原创音乐会《客家山歌》与深圳交响乐团合作在国家大剧院的演出，5月应邀参加北京人民大会堂欢迎朝鲜劳动党总书记金正日的重大外事演出。

2010年6月，黄熙殷应中央电视台邀请在长春演出，演唱《中华大家园》；7月担任第二十九届世界教育大会音乐会主持人；9月参加山东电视台大型慈善晚会"拥抱太阳"；11月参加中央党校音乐会演出。2010年、2011年连续两年获中国音乐学院艺术实践周最佳歌手。2012年5月参加由北京电视台举办的"下一站我们"情景诗歌朗诵会演唱《爱的接力》。2012年6月随中央团委出访韩国交流演出。2012年6月参加由深圳市宣传部举办庆祝中国共产党成立91周年音乐会"党旗下的歌声"，演唱《情深谊长》《唱支山歌给党听》。2012年8月参加大亚湾文化沙龙活动，举办个人文化交流讲座。2013年8月在深圳举办"我的深情为你守候"——黄熙殷独唱音乐会。2013年11月在北京市参加"民歌知多少"专场演出，在多所高校巡演。2013年获世界绿色环保大赛内蒙古赛区"2013年绿色风云人物"。2014年获得第四届全国高等艺术院校民族声乐大赛优秀奖。2015年6月成功举办"殷为爱"——黄熙殷硕士毕业独唱音乐会。2016年2月，以"深圳市青年歌唱

家"的身份，远赴德国、法国参加文化交流活动，以女高音独唱演员身份，
与德国、法国著名指挥家合作交响乐协奏曲《春·月·情》，对外展现民族
音乐的魅力。

现为专业歌唱演员。

我的音乐我的梦

欧阳薇，1986年8月出生于湖南岳阳县，是一位天生与音乐有缘的女孩，一位将音乐当作永远的梦来追寻的女孩。自2001年5月至2002年10月，先后4次夺得省级演唱大奖赛金奖，2003年湖南省春节联欢晚会及省妇联成立50周年文艺晚会上作为主要演员，与李谷一、宋祖英等艺术家同台演出。这个花季女孩正一步步走近圣洁的音乐殿堂。而她下岗后靠打工谋生坚持创业的父亲及一直无业的母亲，更为她的成功献出了莫大的心血，成为她成长路上坚强有力的后盾。

点 击 阅 读

甜美和灿烂写在她的脸上，映在她的眼底，渗透在她的歌声里……

爱唱？天生的！

和欧阳薇交谈，让人很容易喜欢上她甜美的声音和甜甜的笑容。她说："很小的时候，我就喜欢哼哼唱唱的，每次唱歌的时候，眼前好像就有一串串美丽的贝壳在闪动，这也许就是我最初的音乐梦吧！"

欧阳薇的妈妈沈金娥说，薇薇1岁多时特别爱哭，很难哄，多亏家里那台录音机帮了大忙。每次薇薇哭得哄不过来时,只要把录音机一打开,她就立刻停止了哭闹,一双大眼睛忽闪忽闪的,像个入迷的小听众。那个时候,爸爸欧阳勇还在一家企业工作,虽然妈妈没工作,但生活也还过得去。

欧阳薇的音乐天赋可能是跟遗传有关,因为欧阳勇在上小学时,就参加了学校的宣传队,学唱京剧这一国粹。后来,来到部队,仍然特别喜欢文艺,常参加部队组织的演出。所以在平时的生活中,欧阳勇特别喜欢弹弹唱唱,还专门买了一台录音机,常跟着吼几声。正是由于爸爸潜移默化的作用,欧阳薇一天到晚也总是哼个不停。后来长大入学,欧阳薇跟着老师学会了唱很多好听的歌。一般的歌曲,两三遍下来,欧阳薇就会唱了。

欧阳勇在家中陪女儿弹唱的时候,发现女儿是有些音乐天赋的。于是,他便想着,能不能让女儿去参加一下电子琴之类的专业训练呢?那样的话,即使女儿唱歌不是很出色,在乐器方面,也会有小有成就的可能呀。然而,正在欧阳勇为女儿培养兴趣有些想法时,生活却跟他开了个很大的玩笑:因为企业不景气,他下岗了。这样一来,家里仿佛立刻失去了顶梁柱,没有了经济来源。于是,欧阳勇送女儿学琴的愿望也成了泡影。

有一次,欧阳薇看到电视里的歌星都拿着麦克风演唱,羡慕不已,缠着爸爸,非让他也给自己买一个不可。可是,欧阳勇考虑到孩子虽然有这方面的兴趣和天赋,但要想真正去学音乐,没有强大的经济基础,便等同于天方夜谭。学音乐对她来说不切实际,他不想因为自己的无能为力而让女儿半途而废。于是,便不得不忍痛抑制女儿的愿望,没有答应女儿的要求。麦克风没买成,看着爸爸冷冷的眼光,欧阳薇大哭了很久,连饭也犟着不去吃。

然而,小小的欧阳薇并没有就此放弃音乐的梦想,不给买就自己玩呗。可爱的她非常善于模仿,经常瞅着没人的时候,便开始像模像样地模仿电视里歌手们的声音和动作，非常投入。有时，欧阳勇和沈金娥撞上她惟妙惟肖的小样儿，也不惊动她，只在一旁笑着看。但每每这些时候，他们心头却隐隐作痛，感到自己竟然连女儿小小的愿望都不能满足，心中愧疚不已。

虽然欧阳薇有着较好的音乐天赋，并且从小就对音乐有着浓厚的兴趣，但是由于家里境况不好，所以便一直没有机会得到专业性的训练。

1999年，欧阳薇进入湖南省岳阳县第八中学读初一了。虽然不懂声乐，但她仍然那么喜欢唱歌，一点也不厌倦。她心中仍然想着那个不忍舍弃的音乐梦！

有一天，岳阳市某艺术学校的康老师来到该校招生。当时，担任班文艺委员兼英语科代表的欧阳薇正在黑板上给大家抄习题。班主任兰老师进来对她说："市艺校的老师来招生了，你的歌唱得好，去试试看。"欧阳薇一听，非常高兴，丢下习题就跑到康老师面前。康老师看她那天真可爱的样子，忍不住笑了，便要她试唱一首歌。直到这时，因从没单独在外人面前表演过，欧阳薇开始感到紧张了。但小小的她很会调节自己的情绪。她想，紧张也好，不紧张也罢，反正歌我是要唱的，说不定老师还会看中我呢。于是心一横，唱起了《一个美丽的传说》。这个时候，她可没有去想万一考上了，爸爸有没有能力，又会不会送自己去读。一曲唱罢，果然，康老师看出了她的音乐潜质，对她大为欣赏，当即决定录取她进入艺校学习。

艺校？当然去！

一听康老师说要录取自己，欧阳薇兴奋得不能自已。放学铃刚响，她就如快乐的小百灵般，唱着歌"飞"回家里。天真的她还在门口便大喊：

"爸，妈，我被艺术学校录取啦！"

欧阳勇在屋里听见了，又惊又喜，大张着嘴，半天没合拢："这可是女儿梦寐以求的啊，想不到她有了一个好的开头！可是，自己拿什么去送她上艺校呢？"惊过喜过，更浓的愁绪爬上他的眉头。

欧阳勇并没有如女儿想象中一般，高兴地对女儿又亲又抱，他只是一声不吭地看了女儿一眼，赶紧将头别向一边。而一旁的沈金娥，看着女儿僵在脸上的笑容，和眼眶里忽地滚落的泪水，心疼不已，将女儿搂在怀里，失声痛哭。

第二天放学的时候，欧阳薇的班主任兰老师来家访了。欧阳薇怯怯地站在兰老师身后，不敢出声。原来，听欧阳薇说了具体情况后，兰老师实在不忍因他们的放弃而扼杀了一棵好苗子，便决定来做一做他们的思想工作，说不定能让欧阳薇得以实现自己的梦想。

听着兰老师诚恳的话语，想起自己多年来未曾实现的音乐凤愿，欧阳勇站起来，拉着女儿的手，一字一顿地说："薇薇，爸爸决定送你去艺校！"

欧阳勇话音刚落，刚才还屏气凝神的欧阳薇愣了一下，立刻跳了起来，搂住爸爸的脖子："爸爸——我一定好好学，为你争气！"转过身来，挂满泪水的脸对着兰老师："谢谢您，兰老师！"兰老师微笑着，长长地舒了一口气。

虽然答应女儿的要求，可这不是一句话便能够解决的。欧阳勇清楚，进艺校便得有足够的学费。可是，目前自家的状况，哪能拿出那近千元的学费来？更何况，这还只是开始，以后，还有很长的路要走，钱是女儿成长的必需品啊。欧阳勇明白，对女儿承诺的那一刻，他已经将自己逼上了艰辛的求生求财路。

挫折？不用怕！

为了挣够女儿的学费，欧阳勇想方设法去赚钱。他起早贪黑地帮人打短工，但仍然只够日常所需，哪里能够积攒下那么多的钱供女儿学习音乐啊！如此过了一阵子后，欧阳勇又想改做生意。因为没有本钱，便从一些小本生意开始做起。

而欧阳薇在真正进入艺校之后，才发现人外有人，天外有天。当时一块儿学声乐的同学比较多，看到有些同学音质特别好，有些同学学得非常刻苦，她就感觉自己自信心不足，于是时不时地产生想要放弃的念头。每每这时，欧阳勇心里便隐隐作痛。他想，我这么拼死拼活的，还不就是为了女儿的梦想吗？如果她一放弃，我的努力也就毫无价值了。但是转念一想，孩子毕竟太小，没经受过什么挫折，对于前途和未来，根本没有什么清楚的认识。现在是孩子的情绪波动期，也是最重要、最关键的时候。挺过去，以后的路就会好走了。而要坚持下去，光靠孩子自己是非常困难的。于是，欧阳勇认真地开导女儿："你说过为爸爸争气的，是不是？可是争气是在嘴里说说就能争取到的吗？那是要靠努力才行的呀。你首先不要将别人看得有多重要，不要以为别人就一定比你好，比你强。你看，大家都是到艺校学习的，既然是'学习'，肯定都还没有掌握好演唱技巧，或有别的需要改进的地方，要不然去学习什么呢？比如你，难道去学习就是成功了？都不是。所以你要相信，说不定别人看到你，也会在心里暗暗夸你，认为你比他们强呢。爸爸跟你说，一个人无论做什么，自信心要放在第一。你自信，你就有可能成功。"听了爸爸的话，欧阳薇增强了信心，她相信，爸爸的话绝对不会错。说不定大家真的也羡慕我唱得好呢。想到这里，看着爸爸充满关切的脸庞，她"扑哧"一声，笑了起来，继续认真地视唱、练耳去了。

欧阳勇知道这个时候女儿情绪波动很大，于是，他找到康老师，希望康老师能多给予女儿鼓励，他认为，学生往往更听老师的话。

康老师的想法也正与欧阳勇不谋而合。康老师说，一步登天是不可能的，学什么都得循序渐进，持之以恒，不怕吃苦。在后来的学习过程中，康老师给了欧阳薇很多锻炼的机会，使她逐渐恢复了自信心，学习变得非常自觉起来。

得奖？刚起步！

之后，欧阳薇师从岳阳市花鼓戏剧团副团长张老师。张老师的女儿出国了，对欧阳薇疼爱有加，看到欧阳薇家境如此困难，甚至决定不收她的学费。但欧阳勇却坚持要靠自己的能力来送女儿学习音乐。这个时候，他做小生意已经积攒了一笔小小的资金。正好当时他所居住的岳阳市湖滨有编织窗纱的厂子，效益非常好。于是，欧阳勇决定也办一家这样的窗纱厂，做出一片新天地来。他想，只要厂子稍有盈利，女儿的学费也就不用愁了。于是，他东挪西借，又苦口婆心地求熟人帮忙，贷了一笔款。几个月后，终于将窗纱厂办了起来。可怜天下父母心，欧阳勇几乎每时每刻都想着培养女儿，在他心中，只要对女儿有利，再苦也值得。

这一年，欧阳薇参加了全国歌手大奖赛岳阳地区赛。参赛前，张老师鼓励她说："没什么可怕的，你要想你是最棒的，放开唱就行。"但后来，欧阳薇没有得奖，这次失败使她有一种很深的受挫感。同学们也纷纷议论。正在她灰心不已时，张老师找到她说："你是我的学生，你的水平我知道。没拿奖没关系。你从这次比赛情况中发现自己哪里不足了吗？"欧阳薇认真地回答了老师的问话。张老师接着说："知道自己的不足就是好事，今后加倍努力，你一定行。"

而回到家里，迎接她的只有爸妈两张灿烂的笑脸，好像根本就没发生过女儿参赛的事。饭桌上摆着欧阳薇平时最喜欢吃的菜，是欧阳勇夫妇特地奖励女儿的。欧阳勇说："因为这是你的第一次，参与了就该奖励你。不要把失败放在心上，继续努力，下次就有真正的奖杯、奖品属于你了。"听了爸爸妈妈的话，欧阳薇觉得自己只有努力才对得住父母，对得住看重她的老师。

稍后几个月，迎来了岳阳市音乐家协会举办的青年歌手大奖赛。张老师问她："有没有信心参加？"欧阳薇看着老师期待的眼神，轻轻地说："我想试一下。"赛前，爸爸的话又浮现在小欧阳薇的脑海："你只管按照老师平时教的旁若无人地唱，要与所唱的歌融合在一起，什么都不要想。"初赛和复赛，欧阳薇演唱的曲目都是《兵哥哥》，虽然仍很紧张，但同当时考艺校时一样，欧阳薇很快就调节好了自己的情绪，大大方方地演唱着。初赛和复赛果然很顺利地通过，进入了决赛。决赛时，欧阳薇换了一首歌《小背篓》，也发挥得不错。颁奖时出现了一个颇有意思的小插曲：首先颁发的是优秀奖。主持人念完名单，发现领奖的多了一个人。只得再细细核对获奖名单，原来多出的是这次参赛年龄最小的选手欧阳薇。主持人问她："你怎么上来了？"欧阳薇天真地说："我已经进入决赛了，应该有奖呀。"主持人笑着将她"轰"了下去："你的成绩比这个奖要好呢，待会儿再来领三等奖吧。"捧着鲜红的证书，欧阳薇默默地在心中说："爸爸，我真的拿到真正的奖品了。以后我一定要争取拿第一！"

冲刺？继续呀！

此后，在爸爸和老师的敦促下，欧阳薇更加努力地进行文化和专业方面的训练。声乐、舞蹈、钢琴、朗诵、视唱、练耳，尽量将基础的知识都掌握好。她进步很快。同时，她的性格也逐渐得到锤炼。欧阳薇参加了很多次学校甚至市里组织的演出和比赛，每次她都能保持良好的心态。有时在候场时有点紧张，但音乐一响起，她便完全投入到了对音乐的感觉中，全然忘了紧张、害怕。每次唱完后，她也不太去关注自己的名次，只是想：不管成绩怎么样，以后继续用心学习就好。爸爸的那句"旁若无人地唱"，让她一直受用。

欧阳勇除了督促女儿学习文化知识和音乐外，将心思全放在了事业上，厂里的事，他几乎事必躬亲，每天睡眠时间还不到6个小时，一路挥洒着汗水。渐渐地，他的窗纱厂一天比一天景气起来，员工也慢慢地有了几十名，业务越来越好了。虽然有时候资金周转不过来，但他宁可借也要想方设法将女儿的学费交上。而两年学习下来，欧阳薇的潜力也慢慢发挥出来，渐渐崭露头角。

2001年5月，湖南省音乐家协会、湖南省音协艺术委员会、湖南涉外经济学院联合举办了首届"涉外杯"歌手大奖赛，欧阳薇参加了少年组的比赛。她这次参赛的曲目是《紫荆花开别样红》。这一次，欧阳勇、张老师和欧阳薇本人都很慎重，因为欧阳薇的歌小，也不知道当场能不能发挥得好。但欧阳勇叮嘱女儿："少想或不想。要想就想着怎么旁若无人地把歌唱上去就成，千万不要背上什么思想包袱。要知道，对于这样大的赛事，能去参加就已经获得了一个很好的锻炼机会了。"张老师更是细腻，一再地叮咛，希望她不要在意名次，给予她很多精神上的鼓励。而欧阳薇自身的性格也是如此，某些事情不强求。所以她很放松，比赛快开始了还能笑着和老师交谈呢。后来比赛结果出来，欧阳薇果然不负众望，获得了少年组一等奖。

女儿和他自己的努力终于得到认可了，此时欧阳勇的心里比喝了蜜还要甜。况且，这样的起点已经很高了。但欧阳勇只是心头高兴而已，他立即给女儿敲起警钟："这才不过是刚刚开始，前路还长着呢，可不能有半点骄傲的情绪呀。"欧阳薇咬了咬下唇，用力地点了点头。女儿成长路上的每一个脚印里，欧阳勇倾注了多少心血，多少期待啊！

未来？慢慢来！

这一次比赛后，欧阳薇认识了湖南省声乐研究学会会长金先生，金先生非常赏识欧阳薇。欧阳勇没放过这个极好的求学机会，于是，金先生成了欧阳薇的第三任声乐老师。从此，欧阳薇得到了金先生的悉心指导。每到周末，欧阳勇就风雨无阻地陪着女儿从岳阳赶到长沙上金先生的课，从没落下过一节课。

2001年11月，在由湖南省教委主办的中学生三独（独唱、独奏、独舞）大奖赛中，欧阳薇以一曲《兰花花》夺得独唱一等奖。

2002年2月，湖南省政府对外文化交流中心与省声乐研究学会主办湖南省青年歌手大奖赛，欧阳薇又以一曲《苗岭的早晨》荣获金奖。

著名歌唱家何纪光先生生前也非常欣赏欧阳薇，并多次对她给予指点。

2002年9月，几所湖南省直属中学争相录取欧阳薇，最后，欧阳薇进入了师资力量雄厚的岳阳市一中就读，继续以音乐为主，认真学习，并代表学校和岳阳市多次参加下乡慰问演出。2003年11月，欧阳薇再次夺得"三独"大奖。

在2003年湖南电视台春节联欢晚会以及3月由湖南省妇联主办的"湖南省妇联成立五十周年"文艺晚会上，欧阳薇和其他几位女孩一道，作为主要演员，与湖南籍著名女歌唱家李谷一、宋祖英以及知名女歌手陈思思、甘萍等同台演出，受到观众好评。

16岁的欧阳薇还小，16岁的她要走的路还很长，要想达到自己的理想——成为一名有实力、有影响、出色的歌唱家，还很艰难，需要永不停歇地奋斗。而在欧阳薇奋斗的背后，欧阳勇已经做出且还要做出更大的努力和牺牲。衷心地祝愿欧阳薇及她的爸爸妈妈如愿以偿！

一语道破

有梦想就会有奇迹。10年过去，依然期待欧阳薇创造的奇迹。

遇见：2002年10月

后 续

大学期间就读于湖南师范大学。

一颗璀璨的"银河之星"

郑佩佩，女，1988年2月出生，曾就读于福建省莆田市第一中学，共青团员。自小喜爱音乐，自1999年5月获得福建东南电视台《银河之星大擂台》少儿组声乐大赛冠军以来，成功卫冕6次。2000年，获得该栏目"1999观众最喜爱歌手"荣誉称号。曾数次获得莆田市声乐比赛一等奖。2002年6月，获莆田市首届"金话筒"（普通话）新人赛少儿组三等奖。2003年8月，顺利通过二胡十级等级考试。

点击阅读

2000年春天一个迷人的晚上，福建东南电视台久负盛名的专栏《银河之星大擂台》的1999年度擂主总决赛现场，一位天真可爱的小姑娘从颁奖嘉宾手上接过鲜红的获奖证书与水晶奖杯，笑得那么灿烂。她，就是该栏目1999年度连续卫冕6次的小擂主郑佩佩。在这次擂主年度总决赛中，郑佩佩获得"1999观众最喜爱歌手"荣誉称号。

最大的幸福：家庭的熏陶

郑佩佩出生在一个戏曲之家，外公外婆和爸爸妈妈都是福建省仙游县鲤声剧团的戏曲演员。因为妈妈是团里的主要演员，长年累月得下乡演出，郑佩佩从小便跟随妈妈东奔西走，几乎是在热闹的锣鼓声中长大的。

在郑佩佩的眼里，妈妈是她最初的偶像。妈妈曾多次随剧团去北京、上海、台湾等省市参加重大演出活动。郑佩佩羡慕不已，常幻想着自己哪一天也能像妈妈那样，奔走在艺术的殿堂。

正因为以妈妈为参照，郑佩佩更喜欢唱唱跳跳了。那既是对妈妈的模仿，也是她艺术天赋不自觉的显现。看到女儿对艺术如此着迷，妈妈欣喜万分，便每天带着她压腿、拉腰、下胯、练声，教她一些有名的戏曲片段。天真可爱的郑佩佩居然一招一式都做得像模像样，娇小的身姿和稚嫩的歌喉，让每个见了她的人都夸赞不已。4岁多时，郑佩佩第一次被大人们化上浓浓的"戏妆"，"捧"上了舞台。从此，她喜欢上了那既引人注目，又能充分展示自我的舞台。

郑佩佩家的经济条件并不是特别好，但为了郑佩佩的学业，父母舍得投入。5岁那年，爸爸为郑佩佩购置了一架电子琴，请来专职音乐老师对她进行正规而严格的训练。有了电子琴，郑佩佩更痴迷于音乐了。虽然小手磨出了老茧，也没有较多自由玩耍的时间，但是一想到舞台，一想到音乐，她便觉得浑身有使不完的劲儿，练得越发认真了。

10岁那年，郑佩佩开始参加仙游县与莆田市的一些演出活动，展示自己的演艺才华。

1998年，郑佩佩参加仙游县教育局主办的中小学生艺术比赛，获小学组声乐类一等奖。同年，又获莆田市教委主办的中小学生艺术比赛小学组声乐类一等奖。此后，她又参加过数次市级小学或初中组声乐比赛，均获一等奖。1999年，她被评为仙游县"十佳少先队员"。

成功的要素：不懈的追求

随着眼界的一次次扩大，郑佩佩开始不满足于县、市级比赛中所取得的成绩，产生了向福建东南电视台当时的强档娱乐节目《银河之星大擂台》冲刺的想法。该栏目每周一期，通过卫星向包括中国与日本等国在内的东南亚国家和地区播送，评委阵容强大，选手水准很高（很多大明星就是通过这个栏目走向全国的），堪称真正的"音乐大擂台"。1999年5月，在市电视台和指导老师的推荐下，郑佩佩参加了《银河之星大擂台》少儿组声乐比赛。在这次比赛中，郑佩佩攻擂成功，夺得"擂主"称号。接下来，郑佩佩连战连胜，连续6次守擂成功。

虽然郑佩佩在声乐方面有足够的自信，可一旦走出莆田，参加这样全国性、高规格大型比赛，说不紧张那是假的，毕竟"人外有人，天外有天"，尤其听说评委中将会有中央音乐学院院长金铁林老师等国家级的专家时，她明白，自己将要面临的是一场怎样严格的考验。

但在老师的开导与鼓励下，郑佩佩很快便将心态调整好了。乐曲声一响起，她便立即进入旁若无人的"忘我"状态。赛后，评委给了郑佩佩这样的评价："音乐节奏感非常强，浑身都是音乐细胞，动作、表情天真活泼、清新自然。"每一场比赛，她都这样走过来。

2000年春，《银河之星大擂台》举行1999年度擂主总决赛，所有于1999年在该栏目中获得过冠军的选手均有参赛资格。于是，郑佩佩又一次站在比赛现场，通过努力，最终获得"1999观众最喜爱歌手"荣誉称号。

屡次获奖的郑佩佩一点儿也不骄傲。当有同学说她的成功是因为她高于常人的音乐天赋时，她这样说："我当然不排除'天赋'的说法，但我觉得我所取得的每一点成绩，都有老师、爸妈和自己付出的辛勤汗水，没有半点投机取巧。我的艺术道路，是刻苦的求学之路，它没有终点。"

郑佩佩继续努力地奋斗着。2001年6月，她获得莆田市"优秀宣传服务队员"荣誉称号。为了拓展自己的艺术道路，她又于2002年6月参加了莆田市首届"金话筒"（普通话）新人赛，获得少儿组三等奖。2003年8月，她的二胡也顺利通过十级等级考试。

郑佩佩对生活充满了热爱。平时稍有空闲，细心的她喜欢亲自动手装扮自己的小房间。她在墙上挂上自己的剧照，以及与大家的合影，还专门在书柜里腾出一块位置，放置心爱的奖杯。走进她的小屋，立刻被一种浓浓的艺术氛围所包围。所有这些，无不体现出她对生活和艺术的热爱。

一语道破

作家赵德发说："我没看过《银河之星大擂台》这档节目，但我能够通过尘衣的采访文字，想象出郑佩佩七战七捷的英武姿态。我小时候也曾对音乐着迷，但终因先天条件不够而改行。我羡慕郑佩佩能从父母那儿获得那份天赋，更佩服郑佩佩能用她的勇敢和坚强将这份天赋充分张扬。愿这颗星星在今后的岁月里更加闪亮！"

遇见：2004年4月

后续

2011年参加过湖南卫视某音乐比赛节目，2012年在妈祖研究院参与音乐电视《给力every body》录制，2013年4月参加福建省第二届金钟花奖声乐大赛。目前就读于四川音乐学院。

蜜蜜的音乐天堂

林蜜蜜（化名），女，1988年出生，毕业于武汉音乐学院附属中学，10岁时通过钢琴业余十级，12岁时考取武汉音乐学院附中，18岁时被全世界音乐学子梦中的天堂，有"音乐学院中的哈佛"之称的美国朱莉亚音乐学院录取。

点击阅读

"听说林家的女儿被美国名牌大学录取啦？"

"是呀，还是5所大学抢着要她呢！"

湖南18岁女生林蜜蜜成了邻居谈论的焦点。这不，这个普普通通的女孩，竟然一下子收到了5所美国音乐学院的录取通知书，其中有一张是被誉为"音乐学院中的哈佛"的朱莉亚音乐学院寄来的。

以后不用再来学习了

林蜜蜜出生在一个普通的工薪家庭。2岁的时候，爸爸给喜欢唱呀跳呀的小蜜蜜买了一架电子琴。从此，她迷上了电子琴中传出的动人音符。

6岁时，林蜜蜜又迷上了钢琴。那次，她去青少年宫，正碰上老师教钢琴班的学生练琴。小蜜蜜被钢琴的音色深深地吸引住了，回到家就缠着爸爸送她去学钢琴。爸爸妈妈被她吵得不行，又说服不了她，只好答应送她去学习。爸爸怕她只是一时有兴趣，就跟她约法三章：一、钢琴很贵，以后不能再花钱买玩具；二、学钢琴很苦，不能半途而废；三、不能偷懒，每一节课都要有收获。这三条听起来容易，要做到却谈何容易！为了那个发着光的梦想，懂事的小蜜蜜答应了这些要求。就这样，她也加入到了那些学钢琴孩子的行列。

可小蜜蜜还是没有管住自己，由于偷懒，她的学习成绩并不理想。一段时间后，老师甚至告诉她，以后不用再来学习了。如果不是对她失去信心，老师又怎么会做出这样的决定呢？没办法，曾经在大学乐队待过一阵的父亲一咬牙，用自己还没忘记的那些乐理知识来辅导蜜蜜练琴。直到半年以后，才又为蜜蜜找到了一位新老师。

压力与动力之间的良好转换

有压力才有动力，遭遇过挫折后的小蜜蜜深深体会到了机会的来之不易。于是，除了学习外，她把所有的精力都投入到练琴中。这一回，她变得自觉了，再也不用爸爸妈妈督促。每天早上起床洗漱后，她先练一个小时的琴后才去上学，晚上则坚持练习两三个小时，从不放弃。付出总有收获，功夫不负有心人。1998年，年仅10岁的小蜜蜜通过了钢琴业余十级考试，还获得了湖南省"阳光杯"钢琴大赛第一名、"施特劳斯"钢琴大赛一等奖等成绩。

12岁那年，小蜜蜜因为成绩优异而被武汉音乐学院附中录取。但此时的她毕竟还只是一个孩子，离开家乡独自一人在武汉求学，小蜜蜜十分想念爸爸妈妈。有时候打电话回家，一声"妈妈"还没说出口，泪水就夺眶而出了。妈妈只好在电话的另一头安慰她，要她好好学习。终于，一段时间过去后，小蜜蜜逐渐适应了离家的生活。她租了一间房子，一有空就在房里练琴，将电视、玩具等都抛到了一边。

因为积蓄了足够的力量，寒梅吐蕊。刻苦好学的小蜜蜜于2002年参加湖南省"爱乐杯"钢琴大赛，获得了一等奖和最佳新人奖。2003年，她参加亚洲"TOYAMA"青少年音乐大赛，获得了湖北赛区二等奖。

小蜜蜜不仅用功学习专业，其他功课也毫不含糊。在武汉学习的几年间，她年年都被评为"三好学生"。

出于对音乐的执着追求，林蜜蜜决定放弃在国内上大学的机会，去美国深造。因为听说美国的钢琴教育在国际上堪称一流，而她一直想去音乐天堂寻梦，所以产生了这样的想法。当她跟爸爸妈妈说起这件事时，爸爸妈妈权衡再三，决定支持女儿的选择。于是，从申请到审核，经过一系列烦琐的过程后，她如愿地被美国科蒂斯音乐学院录取了。2005年2月，高中尚未读完的林蜜蜜远赴美国，开始了她的音乐学习之路。赴美前，国际钢琴大赛评委、中国中央音乐学院终身教授、著名钢琴演奏家、钢琴教育家周先生在百忙之中约见了林蜜蜜，勉励她刻苦学习，为国争光。

需要比别人更努力

前面说到，林蜜蜜在国内还没有读完高中课程，所以上大学遇到了一些困难，需要比别人更努力。她在学习专业的同时，还到一所教会学校去学习文化课。接下来，她做了一个大胆的决定，报考朱莉亚音乐学院。这所学院久负盛名，人称"音乐学院中的哈佛"，多次在权威机构的测评中获得世界第一的好成绩。它培养出了世界上一大批音乐大师，是名副其实的音乐天堂。

可想而知，要考取这么优秀的学院会有多大的困难。林蜜蜜也觉得没有十分的把握能考上，便为自己多开了几条路：同时报考奥柏林大学、劳伦斯大学、曼那斯音乐学院和伊斯蔓音乐学院。在美国这些都是非常不错的学校。林蜜蜜用心准备，沉着应考，经过在这几所学校"车轮战"式的考试，5所学校都对她钢琴方面的才华给予了高度评价和赞赏。这5所学校同时给她寄来了通知书，并给予高额奖学金。让林蜜蜜感到有趣的是，当得知有其他学校要录取她时，这些学校争相提高奖学金的数额，都希望她前往深造。而朱莉亚音乐学院的教授为了争取到林蜜蜜，竟然答应只要林蜜蜜去朱莉亚音乐学院学习，除学校发的奖学金以外，他个人还每年为她提供3000美元的奖学金。最后，林蜜蜜选择了著名的朱莉亚音乐学院。

向着钢琴家的梦想，林蜜蜜又迈进了一大步。不久的将来，再见到她时，我们该称呼她为"著名女钢琴家林蜜蜜"了吧？我想，完全有这个可能。

注：2006年8月，大众音乐会学生专场，举行了林蜜蜜钢琴独奏（义演）音乐会。琴声伴着爱心飞，音乐会上，琴技精湛的林蜜蜜在让现场观众一饱耳福的同时，为湖南省资兴市一位身患疾病的男孩进行募捐，现场将音乐会所得门票费，以及现场募得的7146.3元善款一齐送到了男孩手中。

一语道破

如果画出林蜜蜜的人生轨迹，会是一道很漂亮的弧线。

遇见：2007年10月

后 续

　　在朱莉亚音乐学院，林蜜蜜在音乐的殿堂里继续向前，其间还获得了美国加州第八届世界俄罗斯音乐大赛第二名，并在国际赛事——第五十八届肖邦钢琴比赛中获得了第二名的好成绩。2009年，纽约归来后，她不仅仅想把天籁般的音乐带回故乡，她更想做的是，用自己在世界顶级音乐学院学习的经验和感悟，帮助更多跋涉在音乐道路上或者遭遇迷茫的琴童。2009年3月，林蜜蜜在家乡举行了一场独特的钢琴演奏交流会。目前为青年钢琴家。

跳动的音符

周瑜也，女，1993年1月6日出生，原为湖南省益阳市第一中学初中部9班文娱委员。周瑜也6岁时学习舞蹈，几年后参加影视表演的学习。2004年9月在益阳市第三届中小学生独唱、独奏、独舞比赛中获初中组独舞一等奖；2005年2月，在第五届全国电视希望之星大赛湖南赛区选拔赛中，分别获得少年朗诵组十佳奖、少年舞蹈组十佳奖和影视表演组十佳奖；2005年4月，在第五届全国电视希望之星大赛全国总决赛中获少年舞蹈组十佳奖。

点·击·阅·读

深深的酒窝、甜甜的微笑、机敏的谈吐、大方的仪表、曼妙的舞姿……这些特点组成了一个灵秀可爱的女孩形象。她叫周瑜也。

她是我们班跳动的音符

周瑜也跟着班主任夏老师走到我面前时，我在采访另一位学生，正低头做着记录。一抬头，一张有着甜美笑容的脸进入我的视线，天蓝色的校服配着同样色彩的学生裙，青春而纯美。我无可抗拒地喜欢上了她。

我觉得"周瑜也"三个字比较特别，就以她的名字为话题，开始和她交流起来。我问她，这个名字有什么特殊含义吗？

她说，这是她爷爷的"杰作"。因为她爷爷特别喜欢周瑜，说他既聪明，形象又好，能做到他那样，已经十分不简单了。爷爷"盗用"周瑜的名字，是希望她也像周瑜一样聪明过人，充满朝气。

这时，开朗的夏老师搂着周瑜也的肩膀，骄傲地说："尘衣老师，您知道吗？她是我们班跳动的音符，除了舞蹈很棒，在其他方面也特别出色：会弹钢琴，演讲时有板有眼，对人非常有礼貌，极有爱心，在经济和学习等方面乐于帮助同学，工作能力也很强，还富有正义感……"

夏老师连珠炮般的话语让我领会到了这对师生间深厚的情谊。我笑着打断她，故意说："不行，您总得给我讲一些她的缺点吧？我看她在您心中近乎完美了呀。"

夏老师不好意思地笑了起来，仍然搂着周瑜也，摸着她的头，说："有、有，就是她对数学的学习兴趣不浓。不过——"她话题一转，又绕到周瑜也的优点上来，"她朗读课文时特别富有感染力。你没看到，那是少见的投入，有时读到动情处，会当场哭起来。同学们跟着她进入文章所描述的情境中，潸然泪下，然后大家都会情不自禁地鼓起掌来。"

我明白，夏老师是发自内心地喜爱这位学生。同时，从夏老师的话中也可以听出，周瑜也朗诵时如此富有感染力，与她正在学习的影视表演是有关的。

在我和夏老师对话时，周瑜也小鸟依人般，温顺地靠在夏老师的臂弯里，一直面带笑容，礼貌地听着我们的交流。

学习舞蹈是为了培养个人气质

我问她是从什么时候开始学习影视表演的。她说："在学了4年舞蹈的时候，我增加了影视表演艺术班的学习。我学习舞蹈是为了培养个人气质，以后还是会朝着影视表演方面发展。"

然后，她说起目前学习影视表演的情况。她说，每个星期天的下午，她要从益阳市赶到省城长沙一所艺术学校去学习。这个班只有20多名学员。学员少有好处，老师有精力将大家照顾得周全一些，这对大家水平的提高有帮助。

我好奇她现在主要的课程都有什么。她回答说，现在主要是学习普通话和朗诵，学习感情的酝酿，惊讶或者高兴等各种各样的表情都要能够准确地表演出它们各自的特色。她说，老师每周都会布置作业，在下一次上课前，每个学员要背诵一篇上次布置的文章，然后按自己的理解，根据文章提供的情节进行表演，最后由大家互评，老师点评。

我问她，每次都能按时完成老师布置的任务吗？她说背诵那些文章实际上就相当于演员记台词，这一点是一定要过关的。她说只要肯吃苦，一遍两遍三遍不停地去记忆，就能背下来。她摸索出一个小诀窍，就是常常一边背，一边将情节演绎出来，这样记得更快、更牢。她说，其实大家也不是每次都能表演到位，主要原因是年龄太小，理解力不够。

我们常常只看到演员在荧屏上风光的一面，谁知道他们背后要付出多少艰辛与努力？丰富的阅历、锲而不舍的努力以及全身心投入的敬业精神，都是做一个好演员必须具备的条件，三者缺一不可。其实，从事其他任何一种职业，又何尝不是如此呢？

周瑜也说到自己表演得最好的一次。那次老师给她的文章标题是《下雪啦》。当时正值夏天，没有一点实际场景可以借鉴。于是表演时，她想象着往年的冬天，爸爸妈妈带着她在雪地里堆雪人打雪仗的情境，那些玉树琼楼，银装素裹，一切是那么的美丽。因为想象贴切，她的动作与感情自然而然地就形神兼备了，那种小女孩的天真，那种见到下雪时的手舞足蹈，那种与家人的亲近，都被她淋漓尽致地表现出来。

她说，她表演完毕，同学们都鼓起掌来，说神态、动作都很到位，当然，她也得到了老师的表扬。

应我的要求，周瑜也现场表演了《下雪啦》，其后又表演了在第五届全国电视希望之星大赛全国总决赛中她的参赛舞蹈《喜雪》。那是一种东北秧歌，很适合她的气质。

我们又说到她的舞蹈。她说，她很感激教她的两位舞蹈老师。当时她只有6岁，是刘老师说她身材可以，协调性好，认为她是棵好苗子，把她领入了艺术之门。她说后来的舞蹈老师周老师也是位认真负责的好老师，一个动作要教上10多分钟，直到周瑜也跳出韵味来。有时周瑜也因病落了课，她也一定要找时间给她补上。她还提到当过湖南卫视娱乐节目《超级女声》的评委李老师。她说虽然只跟李老师学习了一个多月，但是她教会自己在舞蹈的过程中，怎样使身体显得更轻盈……

全力以赴是对自己最大的尊重

周瑜也提到2004年那场舞蹈大赛。当时因为紧张，她在表演转手绢的动作时，不小心将手绢掉到地上，出现了失误。但是最后结果下来，她的分数仍然是最高的。她毫不掩饰地说，她在乎名次，因为为了这场比赛花了很多心血，爸爸妈妈更是全力以赴，她没有理由让他们失望。

我说万一你拿不到名次呢？她笑笑说，万一拿不到也不要紧呀，毕竟大家都是和我一样，经过了千辛万苦的训练，谁取得好成绩都是应该的。然后，她加重语气，说，我在乎名次是不想让自己轻敌，要做就要做好，只要展示自己，百分之百地努力过就行。否则，有实力而不好好发挥出来，那是对自己的一种讽刺。

周瑜也是个让人没法不喜欢的孩子。因为，和她在一起，你感觉到的是魅力四射的气质，和无处不在的真诚。

一语道破

一个人是一道音符，一个世界便是一首乐曲。每一个音符都悦耳，这个世界便美妙。

遇见：2005年10月

后 续

2010年，周瑜也考入沈阳音乐学院音乐教育专业，2014年毕业。这一年，创作有原创音乐作品《无畏》《安全感》。曾经获得过百事新星歌手大赛十佳称号，大连市"我的音乐我的歌"原创歌手大赛十佳原创作品（原创音乐作品《木偶》），还获得过大连市"青歌赛"组合奖第三名。目前，仍然从事跟音乐相关的工作，同时在进行研究生备考。

小篆刻家纯朴的成长

陈维，男，1988年2月出生，曾为江西省浮梁县鹅湖中学学生。陈维爱好广泛，篆刻、书法、绘画、乐器演奏等均有涉猎。自2001年5月参加第五届"静鹤斋国际小书画家"评选活动时获得全国"优秀小篆刻家"荣誉称号以来，陈维的书法、绘画与篆刻作品先后获得了国际、国内各种奖项十几次，其中金奖4次、银奖3次、铜奖3次、优秀奖多次。同时，他的作品也大多被举办单位永久收藏。有多家杂志对他进行过报道。

点击阅读

他曾在县城的古县衙里身着"官服"为大家表演；能用鼻孔吹竖笛，吹出动听的《二泉映月》；作文也常在当地报纸发表；最拿手的则是老本行——书画篆刻。噢，还真是多才多艺。

浓浓的泥土气息铺满学艺路

1988年2月，陈维出生于江西省浮梁县一个普通的农民家庭。他是个脑勤手也勤的孩子。上幼儿园前，他就喜欢上了铅笔，用它来画他曾经目不转睛地观察过千百遍的花草树木。这个时候，他不懂线条，也不懂着色，唯有凭着与生俱来的对美术的喜爱，用稚嫩的眼光将它们摄入画本中。

"学艺贵在求师，求好师。"然而，生长在一个普通的农村家庭，拮据的条件不允许陈维外出求师学艺，哪怕参加书画补习班的机会也不曾有。不过，这些都难不倒陈维。凭着一份执着，他坚持"师法古人，师法自然"，自己一点一滴地从书中摸索，到大自然中去体会。陈维先后临摹过李嵩的《花篮图》、唐寅的《四美图》和沈周的《庐山高图》等几十幅历代名家之作。除临摹古画外，陈维也常常背着画夹出去写生，家乡附近的山川几乎被他踏遍了，山水、花鸟、虫鱼、人物等，无不成为他描摹的对象。

10岁时，陈维开始自学书法。楷书临摹褚遂良和柳公权的范本，行书则临摹米芾的作品。他时常用毛笔蘸着从池塘里提来的水，在晒谷坪里习字。这是在天地间的书写，天地灵气贯串其中，陈维的字逐渐地变得潇洒起来。

一件偶然发生的小事，成了陈维从事篆刻艺术的起点。那是上小学五年级时的一天，陈维用小刀在一块泡沫塑料上刻上自己的姓名，拓印出来一看，还真像那么回事。陈维是个有心人，他又找来随处可见的泡沫塑料或橡皮，刻上家人和朋友的姓名。接下来，陈维认真地向美术老师学习篆体字的书写方法，认真阅读《青少年书法报》和《书与画》等杂志，这使他在篆刻章法方面受益匪浅。

真正进行篆刻艺术创作，印石是必不可少的。废旧的泡沫塑料虽然可以不用花钱，但毕竟硬度不够，对技法的提高没有多少益处。可是印石太贵，陈维刻的印章数量比较大，仔细一核算，费用还真不少。聪明的陈维便想方设法来节省开支。他将一方印石的六面都加以利用，刻印完毕，先拓印在纸上，然后，把印石全部重新打磨又刻六面；再磨再刻……三番五次后，剩下的也不浪费——陈维会用它来刻一些闲章，或给老师、同学和邻居刻姓名章，分文不收。

天道酬勤，谁言梦不结果子？

国画大师陆俨少"十分功夫——四分读书，三分写字，三分画画"的观点对陈维的影响较大。除对书画、篆刻艺术孜孜以求外，陈维更注重自身文化素质的修养。

陈维的成绩在小学时一直名列前茅。进入初中后，由于课程增加了好几科，陈维又一心沉浸于书画篆刻的学习，致使成绩一落千丈，英语更是糟糕。有一次，为了表示友好，陈维将自己随身携带的书法作品送给一位路遇的外国游客。由于英语口语不行，他好不容易才用手语推辞掉对方递过来的100元钱。

通过这件事，陈维认识到了学习英语的重要性，于是，将更多的精力投入其中。同时，陈维也没让其他科目"失宠"，因为他坚信，"勤能补拙是良训，一份辛苦一份收"。读初三时，他获得了全年级最高分，还在第十四届全国初中应用物理知识竞赛中获得了景德镇市优胜奖。

陈维爱好读书，也爱藏书，课外读物在他心中占了相当大的分量。家庭并不富裕的他，常常把生活费攒起一部分，用来买书。每到周末，他都会去书店逛一逛。有一次，他硬是对自己抠了整整一个月，才买下了那套梦寐以求的《唐宋八大家文选》。

陈维不仅在紧张的学校生活中挤出时间来看书，周末回家后也常常挑灯夜读。常常看到凌晨时分，枕着书睡着了。陈维有感而发，给自己的卧室取名为"卧书斋"，还专门刻了一方印章"卧书斋之印"。

从书本中贪婪地汲取营养，陈维的视野变得更开阔了，他在艺术上也获得了更鲜活的生命力。

陈维先后参加过国际、国内的艺术大赛数十次，获得的荣誉也如同乡亲们所说，"得用箩筐来装"。他曾于第五届"静鹤斋国际小书画家"评选活动中获全国"优秀小篆刻家"荣誉称号；在第二届"世纪之星"世界少儿书画摄影艺教展中获金奖及最佳技法奖；在第二届"华辰杯"全国书画、摄影作品大赛中获学生组三等奖，作品收录于《第二届"华辰杯"全国书画摄影集》；在"醴泉铭杯"全国书画大赛和中国当代文人书画艺术大展赛中均获银奖，作品被主办单位永久收藏；在纪念毛泽东"向雷锋同志学习"题词发表四十周年全国书画大展中获铜奖，作品被湖南雷锋纪念馆收藏。

纯朴少年的纯朴情

小陈维是浮梁县的小名人了。他曾在县城的古具衙里身着"官服"为大家表演。只见他笔走龙蛇，一挥而就，大有气贯长虹之势。除了书画篆刻等"老本行"外，陈维在其他方面也有"绝招"，譬如吹奏竖笛，他可以用鼻孔吹出悠扬动听的《二泉映月》，用二胡演奏则更拿手。陈维的作文也写得不错，当地报纸上经常能见到他的"大名"。

陈维的身上有着与生俱来的乡土气息。对农村，生他养他的家乡，对那些景象、那些人，他都格外偏爱。他的作品融入了浓浓的乡村气息，譬如他的篆刻作品"山里娃""稻花香里说丰年""出淤泥而不染"等，都倾注了他对乡村无比热爱的朴素情怀。

有着一身"绝活"的陈维，每年除夕都是全村最忙的人。村里舞龙灯的灯花等艺术设计和乡亲们的春联他一个人全部"承包"了，忙得连午饭都来不及吃，而且分文不收。有的乡亲心疼他，觉得不好意思再请他书写。陈维得知后，干脆在除夕的前一天上午就搬一张桌子到屋外写上了，连路过的人都向他竖起了大拇指。

除此之外，陈维还免费给乡亲们刻印章。由于印石价格贵且容易摔碎，不太实用，陈维就用檀木来刻。虽然这要花去他更多的时间来打磨，但这既实惠，用起来也方便。

陈维忘不了给过自己帮助的师友，他刻了"知己天涯路""好人一生平安""苦心人天不负"等印章来送给他们，表达对他们的敬意与祝福。

奋发向上、热爱祖国也是陈维在作品中常常表达的主题，"自古英雄出少年"和"爱我中华"两枚印章就表达了他的真情实感。

"路漫漫其修远兮，吾将上下而求索。"陈维知道，人生的道路漫长，艺术的道路更漫长，唯有靠自己不停地努力，方可取得成功。采访结束时，他对我说："一路上，有我的家人、乡亲、老师和同学以及朋友们的支持与帮助，我相信我会赢得美好的明天。"他纯净的眼神让我感动。我对他说："我也相信，并祝福你，陈维！"

一语道破

保持本色，是我对他最大的希望。我想，他会。

遇见：2004年10月

后续

2012年我去婺源，途经景德镇，与陈维见了一面。彼时，他已长成帅气小伙，正在景德镇陶瓷学院美术学院攻读硕士研究生。即将毕业的陈维，身上的头衔不少：中国书法家协会会员、中国工艺美术学会会员、中国楹联学会会员、鄱湖印社副社长、江西省高校书画联合会副主席、江西省诗词学会会员、景德镇市书法家协会理事、景德镇市青年书法家协会创作委员会委员……在校期间两次获得研究生国家奖学金，两次获得研究生学术文化节一等奖，2013年获评"中国大学生自强之星"提名奖。曾举办个人作品展。其作品10多次入选全国性展览并获奖。并获江西省第二届篆刻展一等奖。作品及论文发表于《中国书法》《书法报》《青少年书法报》《中国陶瓷》《中国日报》等各级报刊，《人民美术》《中国印林》《书法收藏》等报刊刊登其个人作品专版，人民艺术网等媒体曾对其进行专题报道和介绍。2015年11月，陈维作为嘉宾之一，应中央电视台《我要理财》栏目之邀，讲解书法、篆刻的收藏与鉴赏。

书法，我的最爱

姚玮琳，女，1988年8月出生，毕业于福建省莆田市第一中学，中国书画函授大学毕业，福建省第四次少代会代表。姚玮琳自幼练习书法，主攻"毛体"，成绩不菲。曾获"祖国颂——庆祝建国五十周年华夏之星中国书画艺术交流大展赛"少儿赛区金奖、"奥林匹克国际书画大展赛"二等奖及"中国国际科技文化成果博览会书画大展赛"少儿组金奖等。

点·击·阅·读

听朋友谈起，有位名叫姚玮琳的小女孩自6岁开始练习书法，至今已逾10年。10年过去，当年的小女孩已经成长为美少女，比小时候增添了几分娇柔与妩媚。10年来，姚玮琳的字，也与她的人一同"成长"着。与她的娇媚有所不同的是，她的字越来越苍劲有力，豪放而潇洒，颇有一代书法大家毛泽东狂草的磅礴气势。她至今已在国际、国内获奖数次，有多幅作品出国展览。于是，我迫不及待地找到她所在的学校——福建省莆田市第一中学，与她攀谈起来。

最爱"毛体"

尘衣：姚玮琳同学，你好！听说你对书法非常痴迷，也在书法方面取得了一些不错的成绩，我们聊聊，好吗？

姚玮琳：您好！可以，谢谢！

尘衣：介绍一下你自己？

姚玮琳：我的名字您已经知道了（笑）。我今年16岁，是一名共青团员。书法，特别是"毛体"，是我的最爱。

尘衣：学习书法有多久了？为什么没有学习其他，比如舞蹈或音乐呢？

姚玮琳：这与我的爷爷有关。1994年，爷爷开始指导我学习书法，教我最起码的写字姿势：怎样坐，怎样握笔，怎样下笔，怎样收笔。当时，我虽然满6岁了，但并不识字，甚至连铅笔都没拿过。刚开始拿起毛笔蘸着墨水写字时，特别紧张，觉得写字是特别困难的事情。爷爷很严厉，他不但要求我在旧报纸上写，还要求我一手提着半桶水，一手拿着扫把在水泥地上练。在爷爷的严格要求下，冬天，凛冽的寒风吹得人们直打哆嗦时，我也没有放下手中的笔；夏天，骄阳烤得人们口干舌燥时，我虽然汗如雨下，但是也从不放松对书法的练习。这样训练下来，我腰酸腿疼，手腕都肿了，直想哭。但爷爷对我很好，从来不骂我。每次我临字，就算临得不成样子，他也只是笑着说"不错"，不断地鼓励我。这让我感到自己的努力没有白费。

尘衣：为什么选择"毛体"为主攻方向？

姚玮琳：进入初中后，我开始临习"毛体"。首先，因为我爷爷自己就是一位"毛体"书法家，他想把"手艺"传给我（笑）。另外，我自己也开始懂事了。在我心中，毛泽东不仅是一位伟大的政治家、军事家，也是当代伟大的书法家。他的诗词和书法中那种惊天地泣鬼神的磅礴气势震撼着我，也深深地吸引着我。每次一接触他的诗词与书法时，我心中便油然而生一股对一代伟人的敬仰之情。

尘衣：看来，最初你并不是从心底里对书法感兴趣。那么现在，你说"书法是我的最爱"，说明你已经深深地爱上这一中华文化的瑰宝了。

姚玮琳：是的。说得确切一点，我是在临习"毛体"前后的一段时间内，开始从心底里爱上书法的。刚开始时，我老想打退堂鼓，但爷爷总是安慰我，给我介绍毛泽东主席的故事。他说，在长期斗争的恶劣环境下，毛泽东主席总是文房四宝随身带，一有空就看看帖，练练字。随着年龄的增长，我不仅被毛泽东主席的伟大人格所感染，而且在学习书法的过程中悟出一个道理：学习书法不仅可以陶冶情操，培养意志，还可以磨炼自己勇于克服困难的韧性和毅力。就这样，我对书法产生了浓厚的兴趣。

成长加速度

尘衣：除了跟爷爷学习，还接受过别的更系统的书法教育吗？你觉得学习书法对其他方面有没有影响？

姚玮琳：为了博采众长，9岁那年，我被家人送进了中国书画函授大学书法专业学习，成为全校年龄最小的学员。郑教授和北京二分校刘校长十分关心我，他们给我讲解书法史，传授技法，评点作品，还亲自来福建对我进行面授。他们说，要把书法和读书结合起来。书法艺术注重结构，而世界上的任何事物都有它的内在结构，所以一定要认真领悟其中的内涵。他们的谆谆教诲使我茅塞顿开，意识到知识的相互渗透性。比如，一个字是通过笔画和结构来完成的，一篇作文要表达某种思想也是通过素材和结构来完成的。这样举一反三，我的书法进步了，成绩也提高了。

尘衣： 参加过哪些书法大赛？

姚玮琳： 学习书法的10年中，我流过不少泪，但其中也不乏喜悦的泪花。1998年，我参加莆田市教育局举办的第七届"少美杯"书法大赛，获一等奖。这是我获得的第一个奖项。1999年，我获得由中国教育电视台、中国书法家协会等单位联合举办的"祖国颂—— 庆祝建国五十周年华夏之星中国书画艺术交流大展赛"少儿赛区金奖；同年9月，我参加由青少年书法报社、台湾省书法家联合会、日本书道研究会、韩国雅艺研究会及加拿大世界书画家协会联合举办的"奥林匹克国际书画大展赛"，获二等奖；2000年4月，我又荣获第一届"全国青少年书画大展赛"金奖；2002年，获"中国国际科技文化成果博览会书画大展赛"少儿组金奖。此外，还获得了一些奖项。

尘衣： 真棒！听说你因为各方面（特别是书法方面）表现突出而当选为福建省第四次少代会代表。那是哪一年？另外，你的作品参加过哪些展览？

姚玮琳： 那是2001年，《福建日报》等媒体都做了相关报道。我的作品曾在中国军事博物馆展出，有的结集出版，或被主办单位（或个人)收藏。

尘衣： 除收获了这些喜悦外，是否也有过遗憾呢？

姚玮琳： 我认为自己的长处还是在学习"毛体"方面。2002年，全国第九届推新人大赛书法赛区总决赛在北京举行，当时我正当中考，很遗憾没有进京参加比赛。不过，令我高兴的是，比我大7岁的师妹郭剑琼以挥洒自如、狂放飘逸的"毛体"《长征》获得此次大赛最高奖。这给了我很大鼓舞，也真心地为她高兴。

尘衣： 有哪些与书法有关的趣事？

姚玮琳： 我的字常常被老师夸。他们还常常请我帮他们写对联呢，这让我感到开心（笑）。

尘衣：10年眨眼已过。你对以后有什么新的打算？

姚玮琳：这10年，我不知流过多少泪，不知流过多少汗，有过多少痛苦和喜悦。每次比赛和展出，我都当作极为难得的学习机会；每次获奖，我都当作我的新起点。我分析过，自己的优点是书法基础还算比较好吧，不足的地方是我对书法理论方面的认识还不是很深，还要多多在理论方面下功夫。我将来可能会报考中国人民解放军艺术学院，这样的话，离我当一名书法家的梦想就会更近一点。总而言之，是时间给了我进步。我骄傲，我自豪！

爱迪生说："有了目标，就要为之奋斗。"是的，从姚玮琳纯净的目光中，我看到的唯有执着与坚定。说不定三五年后，一位专攻"毛体"的女书法家就会出现在你的视野。

她的名字，叫作姚玮琳。

一语道破

她的名字，叫作姚玮琳——好希望还能有她的消息。

遇见：2004年9月

后续

姚玮琳目前已参加工作，继续岁月静好。

第三部分

体育

体育是一种精神，
让我们柔软的心
充满力量。

凌空飞燕

张娉，女，1990年11月29日出生于湖南省永州市。4岁开始接受体操专业训练，2002年在全国青少年体操锦标赛上，张娉一举夺得团体、跳马、全能、高低杠以及自由体操共5项冠军。2003年10月，在湖南省长沙市举行的中华人民共和国第五届城市运动会上，她又荣获女子体操全能冠军、女子高低杠季军。同时，与队友秦晶等人一起夺得女子体操团体冠军。

点击阅读

去湖南省体育馆，其实我是采访另一位运动员的。但那位运动员临时参加一项重要活动去了。在体操训练场地，我观察了半个小时，决定采访张娉，这是个一声不吭扎实训练的小女孩。巧的是，那天她妈妈从老家赶来看她，她妈妈的叙述加深了我对张娉的印象。

2003年10月24日，湖南省长沙市新建成的贺龙体育馆内座无虚席，全场鸦雀无声。所有观众屏声敛气，目光全被红地毯上如飞燕般凌空舞动着的"精灵"吸引住了。你看，优雅地旋转、激情地跳跃、轻盈地翻腾……那娇小玲珑的身姿、完美无瑕的动作，无不给人美的感受与震撼。所有动作自始至终一气呵成，在结束动作做完的刹那，全场响起一阵山呼海啸般的掌声、欢呼声和口哨声。

张娉的表现不只是征服了现场以及电视机前的观众，也同样征服了所有裁判。一连串的高分显示出她的高水平：9.30分、9.25分、9.375分、9.25分，最终张娉以总分37.175分的绝对优势，在家乡父老的助威声中取得了女子全能这块颇具分量的金牌。赛后，中国体操队总教练黄玉斌也对张娉赞不绝口。

离开父母

小时候的张娉顽皮得很，常被大人唤作"男孩子"。2岁多时，爸爸妈妈要上班，便将她送到幼儿园，早送晚接。可是才几天，幼儿园的老师就对送她上学的妈妈说："我求您中午将孩子接回家吧，下午再送来，好吗？"没办法，妈妈只好将小张娉接回家。这样一来，毫无疑问，加大了父母的工作量。这是很令他们头疼的一件事。

1994年，小张娉4岁，当地电视台播出的一则招收体操新苗的广告打动了爸爸妈妈的心。他们觉得让女儿去学学体操，应该是一件好事，因为这样可以顺着她的兴趣来。教练刘忠一眼便看中了身材比例协调的小张娉，当场收下了她。从此，张娉离开父母，开始了她的运动员生涯，过着统一有序的集体生活。

被妈妈吵着领回家

虽然与父母在同一座城市，却不能常常相见。平时顽皮的小张娉，毕竟年幼，新鲜劲儿一过去，情绪便波动起来，时常会想念爸爸妈妈。但体操集训好似军队一般的生活，是不允许运动员表现得懦弱、抹眼泪的。在教练的严格要求下，小张娉逐渐学会了自理生活，变得越来越坚强。

一年后，永州队决定派张娉等队员去广东韶关集训。这一去便是两年。集训期间，因为近一年没有见到女儿了，妈妈便坐火车前往韶关探望。在这之前，坚强懂事的小张娉在电话中轻描淡写地告诉妈妈，她的手因为进行高低杠的训练而磨起了一些小泡。"那泡有3种，有水泡、干泡和血泡。血泡一磨穿，就疼得要命。但训练还是得继续，只好用一小块海绵垫在磨破了皮的地方，忍痛练下去。"采访时，张娉告诉我。我心疼地摸着张娉手掌上或大或小厚厚的茧子，一数，竟然有12个。而张娉自己说起这些时，却仿佛是很遥远的事情了。这些小小的伤痛在张娉看来，比起整个艰苦的训练过程，又算得了什么呢？

那天进行高低杠训练时，小张娉的手被高杠上凸起的铁锈扎伤，一贯坚强的她再也忍不住了，还没下台便大哭起来，正好被刚刚赶到韶关的妈妈碰上了。于是，女儿站在台上哭，妈妈坐在台下哭。接下来，张娉的小手很快便化脓，人也发起了高烧，差一点儿得了破伤风。心疼她的妈妈觉得孩子实在太苦，便不顾一切地将张娉带回家，甚至与张娉的爸爸大吵一架，说什么也不同意再送女儿去学体操了。等张娉伤势稍好，又将她送到一所普通学校去上小学一年级。这时，小张娉还没满6岁。

复去韶关

张娉回家后，刘教练不忍放弃一棵好苗子，便专程来到张娉家，做张娉父母的思想工作。他说："这个孩子是我一手带大的，我知道她的潜力。你们想想，国家培养一个人才多不容易。现在，她已经不光是你们的孩子，更是国家的孩子。你们要多多考虑啊。"就这样，通情达理的父母又含着眼泪，看着刘教练再次将女儿带去韶关。

在随后的一次全省少儿体操比赛中，张娉崭露头角。长沙市体操学校看中了她，动员她来省城继续深造。这又是一个十字路口，父母进行了好一阵激烈的思想斗争。他们想，孩子已经到了上学的年龄，该接受正常、正规的文化教育了。当初不过是依孩子兴趣让她有所释放而已，根本没想过让她当成一种事业来做。现在最令他们担心的是，一旦进入体校，孩子的文化教育会跟上吗？倘若将来体操未能学成，反而荒废了学业，这样得不偿失的结果，与他们的愿望是相悖的。

长沙新起点

体操学校的老师看出了他们的担忧，告诉他们，学校同样安排了文化课，由专门的文化老师执教，质量比一般学校的一点儿也不差，而且课时也是有保证的。训练与学习有机结合，两不误。此时，经过几年的奋斗，张娉已经深深爱上了体操事业。权衡再三，爸爸妈妈终于下定决心，将他们的心肝宝贝送到了长沙市体操学校，接受更为严格的专业训练。

此后，张娉的身心与体操完全融为一体了。1999年，张娉被选拔到培养了奥运冠军陆莉、刘璇等一批世界级优秀选手的湖南女子体操队。在麻文革教练的精心指导下，她刻苦训练，一系列的体操基本素质方面的训练项目，如跳马、高低杠、平衡木与自由体操，每一项都一丝不苟地去完成。平衡木中的立脚腕、蹲跳、绷腿，高低杠中的黄玫瑰、腾身抓高、转体、空翻等一系列由易到难的动作，她总要千百遍地反复练习，直至规范为止。而反吊

360度接前空翻这一高难度动作，则花费了张娉更多、更大的精力。刚开始接受这一新动作，因为难度太大，在教练要求她呈倒立时，她感到很怕，总是做得不规范，更别说流畅了。但在教练的严格要求下，她不间断地刻苦练习，终于把这一高难度动作拿了下来。

无论在什么时候、什么领域，如果不刻苦，不拼搏，不流汗甚至流血，是绝不可能取得优异成绩的，更谈不上摘取成功的桂冠了。体育事业中的基本功训练尤其重要，来不得半点马虎。这个时候，心理素质显得格外重要。如果没有好的心理承受能力，怎么能去刻苦努力，从而越过一道道难关呢？所以在训练中，教练总是将基本功训练与心理素质训练同时进行。这在赛场上更能显出其重要性。正如麻教练赛后对张娉的评价："张娉今天状态不错，4个项目的发挥都很稳定，尤其有几次，在前面选手甚至本队选手出现失误的情形下，都能顶住压力，发挥出平时的训练水平。对于她这个年纪来说，心理素质是比较好的。"麻教练还提到这样一件事。那是2003年3月，在一次高低杠训练中，张娉失手掉下来，造成右手无名指骨折。那样钻心般的疼痛，她却始终咬着牙，没有流一滴眼泪。在与妈妈的通话中，她甚至还故意含笑与妈妈说话，只字未提自己受伤的事。

2002年，在全国青少年体操锦标赛上，张娉一举夺得团体、全能、跳马、高低杠及自由体操5项冠军。说起这次赛事，腼腆的张娉露出一抹浅笑，说："我还这么小，还没参加过国际上的大赛，路还长着呢。"停了停，她又说，"我很佩服乌兹别克斯坦的老将丘索维金娜，她快30岁了，在做自由操的两周空翻时，还能那么轻盈稳健，真了不起。"一不小心，张娉说出了自己的偶像。从她的话语中，可以看出她是如此沉稳，可以想到，她的后劲儿一定会更大。正如许多著名运动员都是先以城运会为起点，继而踏上更为广阔的世界赛场一样，张娉心中也充溢着这样的梦想："我希望有一天，自己能站在最高的领奖台上！"腼腆的张娉羞涩却坚决地透露出自己下一站的奋斗目标——世界冠军！看着张娉可爱的模样，我衷心地祝福：这只轻盈矫健的小燕子，一定会心想事成！

一语道破

台下十年功，又未必全有机会上台展示一分钟。但没有台下的十年功，台上给你一分钟，你又能拿什么来展示？为张娉以及无数和她一样看不到终点站却依然努力的孩子鼓掌。

遇见：2003年12月

后续

现已退役。

"精灵"在舞
——记全国三人健美操冠军 洪欣怡、夏凤毛、刘鹃

洪欣怡、夏凤毛、刘鹃，均来自湖南省长沙市黄兴学校，自幼练习体操。自2001年始，在国家级少儿健美操裁判郭莎莎教练的指导下组成健美操三人组合。2002年12月，在深圳举办的第八届全国青少年健美操大赛上获得三人操冠军。2003年8月，在昆明举办的全国青少年健美操锦标赛上再获三人操冠军。同时，3人均获得个人最佳表现奖。

点击阅读

　　"璇姐姐，心中的偶像。你是我们前进的榜样，也是我们超越的方向；你的鼓励，更是我们强大的动力。"一走进湖南省长沙市黄兴学校的大门，就被操场左边丰富多彩的宣传栏吸引住了。在一张合影旁，看到了上面这两行活泼的文字。照片中与2000年悉尼奥运会冠军刘璇一同笑得正欢的3个小女孩，便是我此行将要采访的对象——全国少年组女子三人操冠军获得者洪欣怡、夏凤毛与刘鹃。

　　来到刘校长的办公室后，不一会儿，3位身姿玲珑、发髻高绾、笑意盈盈的小女孩蝴蝶般飞进来。"我叫洪欣怡，今年8岁……"3人中年龄最小、漂亮可爱的洪欣怡大大方方地进行了一番自我介绍，我们的采访就此开始。

洪欣怡：个性鲜明的小精灵

在三姐妹中，1995年8月17日出生的洪欣怡是最小的一个，灵巧可爱的她，总被大家宠着、疼着。在她两岁零三个月时，妈妈对爸爸说，这是个好动的孩子，又长得秀气可爱，不如送她去学体操吧。当汽车司机的爸爸二话不说，就同意了妈妈的想法。就是这样一个念头，这样一句话，让洪欣怡与体育结下了不解之缘。

"断断续续学了3年后，教练说我身体发育太快，太高了，不适合练艺术体操。于是，就转到郭老师这里学习健美操。6岁半时，老师将我们仨组成三人健美操组合。"说到三人健美操，洪欣怡眼里充满了自豪。

在健美操国际裁判、国际教练员、中国中学生健美操分会专项委员会主任郭莎莎老师眼中，洪欣怡是一个个性鲜明的孩子，外向、活泼。她家庭条件很好，训练时却非常刻苦，能力也强，没有一点儿娇骄二气。但也正因为年幼，注意力易分散，有些动作要领，转眼会忘，训练进度比其他两位队员要慢一些。以前，洪欣怡系统地练体操的时间并不很多，所以现在的操化动作有些差距。鉴于此，郭教练便有针对性地盯紧她，有时甚至也会凶她。而调皮的洪欣怡只要教练的目光不在她身上，就会瞅着空子开开小差。想到她刻苦时汗如雨下的模样，教练有时也会放她一马，让她自个儿乐上一乐。

夏凤毛：鬼灵精怪的小精灵

夏凤毛在三姐妹中排行第二，1994年5月10日出生，那双灵动的大眼睛一下子就能吸引住你的目光。夏凤毛也是一个汽车司机家的孩子。但她学习体操的起因却不是因为好动，而是由于体质较弱，爸爸妈妈想通过学习体操来提高她的身体素质。

夏凤毛在教练眼中是个聪明透顶的机灵鬼。她在练体能时，因为自小体质较弱的缘故，有时很容易疲倦。于是，常常"变着法儿偷懒"，并且能让教认可她的"偷懒"。比如练分腿跳时，教练要求每人练习30个，她却只练20个，甚至15个。但她的15个，每一个都是一丝不苟地去完成，每一个都能通过教练的严格考核。所以，她一次又一次地"偷懒"成功。

夏凤毛在3人中身材最好，四肢修长，操化动作做得特别漂亮。但也因为手脚长的缘故，在体能上便常常受到干扰，要花费更多的功夫。"但我不怕苦。老师要求练，就一直练呀！"瞧，避开教练时，这小家伙也说得头头是道呢。

刘鹃：内秀沉静的小精灵

刘鹃，这个1993年12月20日出生的小大姐，是教练与两个妹妹眼中公认的乖孩子。巧的是，刘鹃的爸爸也是一位小车司机。"我们的司机爸爸都与体操有缘呢，呵呵！"与两位叽叽喳喳的队友相比，刘鹃的话最少，总是保持一些羞涩，一些矜持。她的文静可人，是从骨子里透出来的。

"不管身体素质还是心理素质，这孩子最棒。2004年5月的全国锦标赛，我有意让她冲击女单冠军。"郭教练提起刘鹃，几乎全是优点：内秀、懂事、勤奋、稳定、自觉。每次学习新动作，只要教练点一下动作要领与难点，她总能在最短的时间内掌握，而且一旦学会了便会牢记不忘。训练时，她也最刻苦，不管教练在场与否，从不应付了事，每个动作也是精益求精。在郭教练眼中，刘鹃的心理承受能力，可以说连很多大人都比不上。

"我学得迟，6岁才开始练习艺术体操，后来才学习健美操。爸爸要求这次拿冠军后，下次还要拿冠军。我自己也是这么想的。所以要刻苦些嘛！"羞怯腼腆的刘鹃，柔柔细细的话语，却让我听到了更多的坚强与自信。

在郭教练的精心指导下，3人又投入到紧张的训练，准备冲击2004年全国青少年健美操锦标赛，力争卫冕成功，拿下三连冠。7月的世界锦标赛，因为未设立少年组，所以3人无缘参加。但已经有确切的消息传来，8月，3人将应邀前往美国佛罗里达州与迈阿密州，参加一轮高水平的邀请赛。让我们期待，3人的笑脸像鲜花般在异国的土地上绚丽绽放！

一语道破

取得过不错的成绩，得到过不少肯定，但最终的结果往往难以预料。为她们仨以及无数和她们一样精彩过、有时也会看不到终点站，却依然努力的孩子鼓掌。

遇见：2004年1月

后 续

2007年，3人参加国际健美操邀请赛，为中国队获得了六人操第一名和三人操第二名的好成绩；2009年，获得第十届中学生健美操运动会三人操第一名、六人操第一名。但由于年龄的增长，三人组合没能保留到最后。她们仁也各有去处，洪欣怡，与一名男队友何启超组合成男女混合健美操组合。在国内、国际得过多次相关比赛的奖项，并双双进入同一所大学——河海大学就读。大学期间，洪欣怡在全国健美操冠军赛等赛事上获得了不少优异成绩。

刘鹃，现于北京联合大学工商管理专业就读。2014年，获得全国健美操冠军赛精英组女子单人操第一名、精英组混合双人操第一名。2015年的最后一场比赛，带领团队拿下了第十一届中国大学生健康活力大赛暨中国大学生健美操艺术体操锦标赛女子五人操第一名。

夏凤毛，上中学后注重文化方面的学习，最终遗憾地放弃了健美操训练。

最满意的状态是刚柔相济

彭湃，女，1991年8月出生，毕业于湖南省岳阳市洞庭苎麻纺织印染厂子弟学校。爱好乐器演奏与田径运动。2002年5月，获岳阳市第十一届厂矿小学生田径运动会女子400米第四名。2003年7月，参加湖南省"蒲公英杯"音乐舞蹈大赛，获电子琴比赛岳阳赛区第一名。同年10月，在由湖南省音乐家协会等3家单位联合举办的"2003湖南省首届'吟飞杯'少儿电子琴演奏大赛"中，获个人一等奖，并与队友合力获得合奏二等奖。

点击阅读

有一次在湖南省岳阳市洞庭苎麻纺织印染厂子弟学校与该校李煜老师聚谈，无意间问起他身边有没有比较拔尖的学生。李老师似乎想都没想就脱口而出："有！彭湃。""什么，澎湃？"李老师见状，知道我听错了，便笑着说："是一个名叫彭湃的孩子。不过，此'彭湃'非彼'澎湃'哟。"哦？有意思！"这么大气的名字，是个男孩吧？"

李老师笑而不答，顺手拨了一个电话。不一会儿，门口响起一声洪亮的"报告"。经李老师允许后，进来一位头戴红色运动帽、身穿纯白色运动衣的小孩。我拍拍"他"的肩膀说："你就是彭湃吧？挺精神的小伙子。"

"报告老师，我是彭湃！"我猛然一惊，这清脆的声音，不明明是女孩所特有的吗?

李老师与被我称为"小伙子"的彭湃同时哈哈大笑起来。就在这融洽的气氛中,我们开始了轻松的对话。

动若脱兔的假小子

我们仍然从彭湃的名字聊起。彭湃说,从她出生的那天起,父母就希望她能经受住生活的磨炼,即使在汹涌澎湃的人生的风口浪尖上,也能勇立潮头。兴许是与这名字有缘,小小的彭湃一直是同龄人中的佼佼者。上小学时,她的成绩就一直名列前茅,每年都被评为三好学生。她喜欢电脑,学校还没开设电脑课时,她就开始上机操作了。与其说爸爸买来那台电脑是为了自己工作上的方便,不如说是专门给彭湃先行操练而配备的。这不,才学习一个月,便赶上学校举办计算机操作大赛,彭湃获得二等奖。

最使彭湃看起来像个假小子,是她活泼好动的劲儿。那是读小学二年级时,有一次,她与爸爸一同观看中央电视台直播的田径比赛。看着运动员们一个个骄傲而又自豪地站在领奖台上,她羡慕极了,天真却坚决地说:"我什么时候也跑给你们看看!"爸爸认为她不过是开玩笑而已,一笑了之。

谁知,顽皮的彭湃这回较上劲儿了。此后,只要上体育课,不管哪项运动,她都用尽全力去训练。读三年级时,她那心的天平开始向田径项目倾斜。她觉得只要站在起跑线上,就会感到热血沸腾,似乎全身都有使不完的劲儿。于是,没与爸爸妈妈商量,她就自个儿训练起来。

有一次,爸爸来学校参加家长会,彭湃的班主任对他说:"你们家彭湃还像那么回事呢，练起跑步来真是刻苦，简直风雨无阻。"直到这时，爸爸才明白，为什么每个星期六的下午彭湃说一声"我去学校"后就不见了踪影。原来，她果真将自己的理想付诸行动了啊。而此时，在征得爸爸妈妈的同意后，她正在光明正大地学习另一种技能——电子琴演奏。

回到家里，爸爸并没有责备彭湃。他先给女儿讲了"鱼与熊掌"的故事，启发她思考："鱼与熊掌到底有没有兼得的可能性？"谁知，人小鬼大的彭湃说了一句让爸爸惊讶不已的话："爸爸，如果一盘鱼与一盘熊掌同时摆在您面前，难道您只吃其中的一样吗？当然，我不会真的去吃熊掌的。因为老师说过，我们都得保护野生动物，不能伤害熊。"就这样，调皮的她说服了爸爸，她在田径方面的"地下"训练便自然而然地"合法化"了。

苦练半年后，在洞庭苎麻纺织印染厂组织的全厂性田径赛中，年龄最小的彭湃获得少儿组第一名。上五年级时，在全市厂矿企业学校田径运动会上，同样是年龄最小的她获得女子400米第四名。

静如处子的小"淑女"

彭湃的爸爸妈妈都是洞庭苎麻纺织印染厂的团干部。从彭湃进入托儿所时开始，他们就经常带着她去参加厂里举办的一些文娱活动。小小的彭湃在观看大人表演的时候，也会在一旁旁若无人地模仿一阵。那一招一式，还真像模像样。

就在彭湃暗中参加田径训练的同时，学校举办了各式各样的特长班，有声乐、美术，还有各类乐器。于是，她的心又开始痒痒了。她知道，爸爸妈妈都比较喜欢文艺活动，一定会答应她的请求的。果然，爸爸正想通过培养她这方面的兴趣以提高她的个人素质，现在看到彭湃自己提及，便满口答应，送她去学习电子琴。

几个月下来，爸爸妈妈发现彭湃的学习兴趣越来越浓，便一咬牙，在条件并不宽裕的情况下，买回一台电子琴。后来，又将她送到某琴行进行更为专业的训练。

开始一段时间，小彭湃高兴得不得了。每个周末学琴的日子，她都勇敢地一个人风里来，雨里去，执意不要大人接送。有时，爸爸妈妈因为同时加班而没空做午饭，她便从冰箱里拿出一个面包、一杯牛奶，一路上边走边吃，准时赶到琴行。平时稍有空闲，她就会自觉地弹奏起来，一弹就是一两个小时。有时妈妈叫她吃饭，再三催促后，她才会磨磨蹭蹭地来到饭桌边。如此快乐地学习半年后，彭湃顺利通过了全国电子琴三级认证考试。

长时间做同一件事，很容易让人产生厌烦情绪。彭湃原本就是个好动的孩子，自然更不例外。有一阵，彭湃学琴的情绪低落下来。那时，正是冬天，寒气袭人。练琴时不能戴手套，她的小手生起了冻疮，又红又肿，就像两个大包子。有一次在家里练习时，手上的冻疮裂开，白色的脓液滴在琴键上。她一边流泪，一边拿来抹布，将琴键擦干净，又找来创可贴，将伤处包扎好。她感觉真是难受极了，真想赌气不练了。但是爸爸妈妈下班后回家时，只见她虽然脸上泪痕未干，手却并没有停下来……

如今，彭湃已经能够刻苦自觉地学习，安静地伴着电子琴，一练便是近两个小时。使爸妈高兴，这是她最大的愿望。

时间转眼间就到了2003年。这年7月，彭湃因为成绩优异而顺利通过全国电子琴九级认证考试。相隔几天，她又参加湖南省"蒲公英杯"音乐舞蹈大赛，获电子琴比赛岳阳赛区第一名。同年10月，在由湖南省音乐家协会、省音协电子琴专业委员会等联合举办的"2003湖南省首届'吟飞杯'少儿电子琴演奏大赛"中，获得个人一等奖。同时，与队友合力，夺得合奏二等奖。

在我们的谈话接近尾声时，李老师不知从何处找来一张照片，再次让我惊讶不已。照片中那位文静灵秀的小女孩，手捧奖杯与证书，笑得羞涩而腼腆。也许是被我依然惊讶的表情逗乐了，彭湃咯咯地笑起来。我问她对"一心二用"有何体会，她抿了一下嘴唇，说："我觉得我最想做到的事情，是将'鱼'与'熊掌'全部收获。那种刚柔相济的状态，才是我最满意的状态。"与她对视，我看到了从她双眸中表露出来的顽强与坚定。那，才是最宝贵的东西。

一语道破

好希望这个"小伙子"告诉我，现在还是那么淑女吗？

遇见：2004年2月

后 续

2006年初中毕业考入岳阳市重点中学第十四中学实验班，成绩一直名列全年级前列，高二时边学文化课边在袁老师那里学习基本乐理以及视唱、练耳，电子琴课则是每周日下午前往长沙的湖南师范大学音乐学院匡勇胜教授家中学习，上完课再坐晚班车赶回十四中上晚自习，这样每周岳阳、长沙来回跑持续了一年多。由于从小学习音乐，所以学起来比零基础的同学们要有优势得多，并没有落下多少文化，但是由于心里喜欢音乐，最终还是选择以艺术生的身份参加高考，虽然做这个决定时文化成绩是年级第三名，班主任找她谈话，但她还是坚持了自己的选择。2008年9月步入高三，10月底在妈妈的陪同下，前往北京北漂求学。最终在2009年湖南省艺术统考中取得259分的成绩，是当年岳阳市第一名、湖南省第三名，考完专业立马回学校专心补习文化，最终以文化502分、专业259分的绝对优势考入湖南师范大学音乐学院，学习钢琴。

在湖南师范大学读本科期间，每年都获得一等综合奖学金及校级"三好学生"荣誉称号；2010年代表湖南师范大学参加全省音乐教育专业"五项全能"比赛，取得了集体总分第一名，个人一等奖，钢琴、声乐以及合唱指挥的多个个人单项奖；同年获"长江杯"钢琴比赛四手联弹二等奖、B组三等奖；2011年获"海伦杯"全国钢琴比赛专业组一等奖、肖邦组二等奖；2013年获得优秀毕业生的荣誉称号。

本科毕业获得保送研究生的资格，继而2013年9月至今在湖南师范大学音乐学院攻读钢琴表演与理论研究方向的硕士研究生。2014年参加香港国际青少年钢琴比赛获得四手联弹组优秀奖；2015年参加湖南省首届"言了杯"钢琴大赛湖南赛区荣获一等奖。在省级刊物上发表了两篇论文，分别为《钢琴练琴过程中看谱与背谱的结合》与《试论钢琴演奏中真实性与创造性的统一》。

从2012年至今，连续3年担任湖南省艺术统考声乐考场钢琴伴奏一职。她说："每年看到数以万计的考生，让我回想到自己当年准备统考时的那些艰苦的日子，就会想要不由自主地尽自己最大的努力帮助到这些考生，能够让他们在考场里最放松、最完美地展示自己的专业实力，让这一生一次的专业高考不留遗憾。2016年的艺术统考即将到来，我也已经做好了准备迎接这一群弟弟妹妹们，期待他们的到来！"

足下生风，我们更精彩！

在湖南省的学生足球队中，长沙市第一中学足球队（以下简称"一中"）可谓是大名鼎鼎。该队自1990年10月在长沙市中学生"市长杯"足球赛上勇夺冠军以来，以依靠核心、注重整体的战略战术，在湖南学生足坛逐渐崭露头角。它从昔日的默默无闻，到新千年初期与长沙市雅礼中学足球队（以下简称"雅礼"）、湖南衡阳冶金子弟学校足球队（以下简称"衡冶"）三足鼎立，代表着湖南少年足球的最高水平。

点击阅读

长沙市"一中"足球队。在湖南省内虽非榜首，但也叫得上名号，取得过不错的成绩。

"我是最棒的！"

"雅礼"与"衡冶"都是湖南少年足球的传统强队。而"一中"在1988年以前连市级冠军都没有拿过。那么，当初默默无闻的"一中"，是怎样成为今天小有名气的湖南少年足球强队之一的呢？某日下午，在长沙市第一中学足球训练场，我见到了"一中"颇具传奇色彩的教练陈老师和他所带出的这支生龙活虎的足球队。

一见面，还真想不到眼前这位笑容可掬、身材微胖的中年男人与训练场上雷厉风行、气势逼人的教练会是同一人。但是，陈老师确确实实将这些截然不同的性格特点和谐而有机地统一起来，并且将它们发挥得淋漓尽致。

由于在同一座城市，"一中"以前与"雅礼"交手次数很多，但结果总是不尽如人意，以致"一中"队员一碰到"雅礼"队员便怯场，甚至闻听"雅礼"二字都心有惧意。基于这一点，陈老师觉得首先应从心理方面的训练入手，以便彻底根治队员的"恐惧雅礼症"。

于是，在陈老师的带领下，队员们每人用正楷字工工整整地写一句话，每天晨练前大声朗读数遍："我是最棒的！"在这样的心理暗示下，队员们逐渐在心里形成一种意识，那就是再遇"雅礼"队员时，一定要先声夺人。陈老师也告诫队员们说："有对手是好事，因为对手在给你危险的同时，也给了你前进的动力，所以我们要尊重对手，感谢对手。"这样的训练持续了整整一个月。队员冷隽永这样评说自己的教练："陈老师是米卢式的教练。他很会调节我们的情绪，总能让我们保持在最佳竞技状态。在他眼里，所有队员都是最棒的，每个人的优势都能被他挖掘并且充分发挥出来。另外，他特别注意培养我们的气势，认为气势能压倒一切。"

1990年10月，在长沙市中学生"市长杯"（又称"三好杯"）足球赛上，"一中"与"雅礼"相遇。这一次，"一中"不再临阵怯场，而是咄咄逼人，奋勇拼搏，终于获得第一名。这对于"一中"来说，是一个里程碑式的转折点。此后的市级比赛中，"一中"再接再厉，多次夺冠。

1991年，"一中"代表湖南省参加全国中学生足球联赛，获小组第三名。

1994年，"一中"代表长沙市参加湖南省中学生足球赛，最后，与湖南学生足球的另一支劲旅——"衡冶"相遇，激战120分钟不分胜负。拼到最后，互射点球决雌雄，"一中"屈居第二。

1997年8月，"一中"参加湖南省足协主办的湖南省中学生足球赛，勇夺第一。这是"一中"首次获得省级冠军。此后连续数次夺冠，实力猛增，与"衡冶""雅礼"形成三足鼎立的格局。

2001年至2003年，"一中"参加湖南省教育厅主办的湖南省中学生足球赛，3年内两次夺冠。

"一中"还曾两度应邀远赴日本与澳大利亚，分别与两国当地的少年足球队进行了几场友谊赛。在这样的交流活动中，队员们的视野得到开阔，增长了不少见识，对足球的认识更为深刻。

陈老师眼中的队员们

"足球是一个整体，所有队员在我眼中都是最优秀的，每个人都是尽心尽职的。我不希望人人千篇一律，要求队员个性化。有缺点不是坏事，优点、缺点并存，才能体现个性。我不会去批评他们，只是注意引导他们慢慢在实践中发现自己的缺点，学会扬长避短。"

听完陈老师的介绍，我又与这些可爱的孩子们交流起来。说到"三足鼎立"，队员们兴奋起来："我们的整体气势足，主要优势是个人能力强，擅长脚下球。'雅礼'的特点是技术好，个人素质也好。而'衡冶'的打法是出球凶而狠，也是劲敌，不可小觑。赛场上，我们也失败过，但胜败乃兵家常事，失败过才能更好地看到自己的不足，不至于骄傲自满。"

这番话语，让我感觉到这群孩子已具备了良好的心理素质。我迫切地想要借用教练的话，向大家一一介绍他们，但限于篇幅，只能简要介绍其中几位队员。

周聪：1998年进入球队，刚刚退役的队长，司职中卫。喜欢足球最大的理由，是认为它代表热情。他认为足球是整体意识特别强的运动，不团结不行。当队长难在与队员的磨合方面，但一般情况都能自己解决，也不忍增加教练的负担，极少向教练诉苦。

黄颖异：现任队长，当队长已有一年半，司职前腰。上小学时开始在长沙市贺龙体育馆学习踢足球。性格活泼开朗，极易与人沟通，是同学眼中天生的队长料。谈到赴日交流，他觉得日本队的球员因为培养体系好，专业方面很强，相对而言，文化课学习太轻松，导致文化素质较低。

冷隽永：司职前锋。性格开朗可爱，冷静从容。他自小学时开始训练，觉得小学与中学训练方式有所区别——小学时注重基本功，中学时注重战术与素质的培养。他乐观地笑着说："'一中'久经沙场，无所畏惧。"

李晟：司职后腰。他是同学眼里的"猛张飞"，敢拼，爆发力强，训练与比赛时都特别投入，有时急起来，得在队友的帮助下才能控制情绪。但大家喜欢他的激情，说他特别能带动人。

既然在一起同甘共苦，就会有许多或难忘或有趣的故事发生。大家印象特别深刻的是2003年1月的一场省级比赛。当时天下大雪，队员们都戴着手套参赛，战斗异常激烈。最后点球决胜负，一直比到第九轮，真是精彩又刺激。

最有趣的是玩自创游戏——抢圈。几位队友围成一圈用脚传球，两个人站在圈中间抢球。中间两人如果在传球15人（次）以内碰触到球便为抢圈成功，超过15人（次），则要罚圈内两人钻胯。这个游戏既好玩又与专业结合起来，体现了队员们的聪明可爱。有一次玩这个游戏时，队长黄颖异抢圈未成功，愿赌服输，在众目睽睽下钻胯。当时正好是放学时间，惹得围观的一众女生花容失色，发出一片惊叫声。

球队中几位毕业班的队员因为表现出色，被湖南大学和国防科技大学等高校直接录取。

少年的血液不需要升温，这黑白精灵早在赛场沸腾；随风奔跑自由是方向，绿茵场上追逐光荣与梦想；战袍舞动胸前"一中"闪耀，激情酝酿掀起青春狂潮。"一中"，一路走好！

一语道破

为学校撑起一道风景，是少年们独有的青春。

遇见：2004年7月

后 续

"一中"足球队的队员周聪2004年进入湖南大学，放弃了湘军足球队。黄颖异2011年作为公园九号首发球员之一，参加了加油中国冠军联赛。

"公园九号"原名湖南体坛足球队（又称湖南体坛周报足球队），现名湖南体彩足球俱乐部。本是湖南业余足球的巨无霸，10年间囊括了10多个比赛的冠军。

“棋”路相逢勇者胜

黎冰妫（化名），女，1991年出生，国际象棋“新人王”。2002年2月，在北京举行的第十届“李成智杯”全国少年国际象棋冠军赛中，获女子10岁组亚军；同年11月，作为中国10岁组的3个女棋手代表之一，参加在希腊举行的“国际象棋青少年分龄组世锦赛”，获第六名；2003年，获第三届全国青少年棋类比赛国际象棋组冠军；2004年，获全国青少年杯国际象棋大赛女子组冠军；2005年8月，参加全国国际象棋“新人王”大赛和全国“希望杯”国际象棋大赛，一举夺魁……

点击阅读

2003年7月，人们刚刚从一场SARS（“非典”）的恐怖中缓过神来，家有小学毕业生的家长都伸长脖子等着各个学校的招生信息。比天气更热的是他们焦急的心情。武汉一个普通的三口之家，也是为孩子升学发愁的家庭之一。不过，他们愁的不是能否被学校录取，而是向他们的孩子抛来橄榄枝的几所学校，他们不知道该去哪所学校就读。现在，摆在面前的至少有两个选择：要么去天津棋院，做一个专业棋手，所有的费用由天津棋院承担；要么去一所高考录取率极高的中学，将来上重点大学。

最终，综合爸爸妈妈的意见后，这次择校事件的主角黎冰妫选择了下棋与学习可以兼顾的中学。因为她很清楚，学习和下棋都是她生命中两个最重要的支点。

起步：从家里打擂开始

一开始，在少年宫教国际象棋的妈妈并没有刻意教冰妩下国际象棋，而是在冰妩三四岁的时候，将她送去学电子琴。不到3年，冰妩就考过了电子琴十级。上小学后，冰妩又去学习声乐，还因为才艺出众担任过学校晚会的小主持人。可是细心的父母发现，对这些，冰妩似乎从来没有表现出特别的兴奋。

有一天，爸爸妈妈在家摆擂台。在他们斗得不可开交、忘乎所以的关键时刻，蹲在一旁支着下巴观战良久的冰妩忍不住帮妈妈走了一步棋。这步棋那叫一个绝啊，让爸妈全愣住了！他们相互对视了一眼，转而打量起身边的女儿来。他们惊喜地发现，原来冰雪聪明的女儿心思是在棋艺上啊！

就这样，刚读小学二年级的冰妩正式拜师学棋了。从那以后，每个周六，冰妩一大早便被父母催促着从暖烘烘的被窝里爬起来，大老远地从家里往国际象棋名师林老师那里赶，一待就是一天。妈妈说，平时冰妩只要看见棋盘，精神马上就会变得亢奋起来，摩拳擦掌，像个行将出征的将军。回想起一家人行色匆匆的样子，冰妩说大家真像赶着去挖金似的。还真和她说得差不多，冰妩从此找到了自己的兴趣坐标和奋斗方向；而林老师呢，也得意于自己"挖"到了一棵很有潜质的苗子。经过历次大小比赛，成名之后的冰妩以棋路犀利、进攻性强著称，那都是师承林老师而来。

赛场：快意人生路

从正式拜师起，冰妩就一边跟着老师学棋，一边有选择性地参加一些比赛。到2006年12月，有20多次了吧。由于天资聪慧，加上刻苦钻研，冰妍总能取得好成绩。远的不说，就说2005年和2006年这两年吧，她轻而易举地就拿了五六次全国性比赛的冠军。2002年11月，在希腊举行的世界少儿国际象棋分龄赛上，冰妍取得了第六名的好成绩。2005年8月，在全国国际象棋"新人王"大赛和全国"希望杯"国际象棋大赛中，黎冰妍一举夺魁，当仁不让地获得"国际象棋'新人王'"称号……

经历了这么多赛事，让冰妍印象最深刻的却并非那些让她获得冠军的比赛。冰妍说，有一次，那是刚满10岁的她第一次以成人的身份参加比赛，和大人们互为对手，觉得很新鲜，也很骄傲。集训时，冰妍怯生生的，大人们一句善意的玩笑都会吓得她抱着棋盘往后面躲。但很快她就适应了，心想，都是为荣誉而战，管他年龄大或小呢！于是，她放开胆量，正儿八经地跟大人们较起劲儿来……虽然那次只取得了第九名的成绩，但冰妍觉得，当时英勇拼杀的快意，却是在其他比赛中不曾经历和感受过的，因为通过这场比赛，她不但长了不少见识，更主要的是磨炼了自己。回来后，大家对她的评价都很高，说这孩子可了不得，才10岁，厉害着呢！

因为要学习，冰妍不得不放弃很多比赛，而她又是那么想在棋盘上与人一决雌雄，拥有更多证明实力的机会。可是，既然选择了上学，就得先做个好学生。冰妍非常渴望参加正在进行的职业联赛，同时更渴望参加"世界杯"，那会是多么激动人心的场面啊。

前程：吾将上下而求索

当初择校时，曾被评选为武汉市"十佳少年"的冰妍才上完五年级，按理说，还得再读一年才能上初中。可是，在上五年级这一年的时间里，冰妱基本上自学完了六年级的全部课程。当时，为了备战年底在希腊举行的"国际象棋青少年分龄组世锦赛"，冰妱去天津集训了将近半年的时间后，又马不停蹄地赶往希腊。等她回到学校时，正赶上学校的期末考试。但是通过短时间的补课，冰妱竟然考了班上第一名！

小女孩运动大棋子

刚刚进入初中的冰妱，还没来得及去认识新同学，就在开学的第一天，启程参加那次让她记忆深刻的全国成人团体国际象棋比赛去了。比赛整整进行了半个月。要知道，在初中，特别是初一，是学习的一个关键时期，何况冰妱还跳了一级。当时对冰妱来说，学习上最大的困难是英语。和其他从小就有良好英语基础的同学相比，冰妱明显落后了一大截。比赛回来后，冰妱拿出赛场上那副狠劲儿、拼劲儿，硬是吃下了英语这门课。而其他各门功课，冰妱最喜欢的是数学和物理，尽管她没有时间参加"奥数"班的学习，但她常常能在"奥数"比赛中获得名次。

"黎冰妱把90%的时间用来学习，剩下的10%才用来学棋。"这是班主任王老师对冰妱的总结性评价。

和同龄的孩子相比，冰妱个性比较成熟，自主意识很强。她平时喜欢进行一些对抗性比较强的活动，像篮球、羽毛球等。冰妱的偶像是匈牙利的小波尔加，她希望自己也能像小波尔加那样勇敢。如果有机会参加国际象棋男子成人组比赛的话，自己一定接受挑战，绝对不会放弃。

冰妱希望能当上世界冠军。只要保持这股拼劲儿，加上那么一点巧劲儿，实现这样的梦想，相信不会太远。

一语道破

　　爱拼才会赢。少年黎冰妫，懂。

遇见：2006年12月

后 续

　　或许是由于黎冰妫没有在专业的棋院继续自己的"棋"路，竟然没有找到她此后的消息，遗憾。

小魔女，在多哈神采飞扬

秦晶（化名），女，1990年出生，湖南人，体操运动员，曾获1999年湖南省第二届青少年运动会个人全能和平衡木金牌、自由体操和高低杠银牌、跳马铜牌；2002年全国青少年体操锦标赛平衡木金牌、高低杠银牌；2003年第五届中国城市运动会平衡木金牌；2004年全国体操冠军赛高低杠金牌、平衡木银牌、自由操铜牌；2005年全运会团体亚军、平衡木冠军、全能第六名；同年亚洲青年体操锦标赛团体、全能、高低杠、自由操金牌和平衡木银牌；2006年多哈亚运会团体金牌、平衡木银牌。

点击阅读

北京时间2006年12月3日晚上9时，第十五届（多哈）亚运会体操女子团体比赛开始角逐。最终，中国女队以239.400分卫冕成功，再度获得团体冠军；朝鲜、日本和韩国女队分别位列第二、第三和第四名。在平衡木比赛过程中，一位身轻如燕的小女孩凌空一跃，以优美而标准的动作赢来观众的喝彩，获得该项比赛个人亚军。这位始终笑容可掬的"小魔女"，就是中国体操运动员秦晶。

会翻跟斗的女孩

中国是体操强国，湖南则是体操强省。湘籍女孩秦晶4岁便被父母送去学体操。说起来，她学体操纯粹是出于偶然。

1994年，秦晶的爸爸因公腿部受伤，妈妈不得不陪同爸爸前往省城治疗，将秦晶寄养在亲戚家。有一天，亲戚的一位同事见小秦晶像个调皮的男孩一样爬上爬下，甚至不停地翻跟斗，不由得对亲戚开了一句玩笑，说："这孩子这么喜欢翻跟斗，不如把她送到体操学校去试试。"热心的亲戚听了，竟将这句玩笑话当了真，真的将秦晶送到当地体校学习。两个多月后，亲戚又将秦晶送到省体操学校，安排在体操学校学前班里进行正规训练。那时爸爸病未痊愈，还在省城养伤，有时候就陪着小秦晶训练。爸爸病好后留在省城工作，小秦晶却因为受不了运动量的逐步加大，哭着不肯练下去，被教练退回家。

20多天后，小秦晶却回到体校，原来她又想学体操了。爸爸怕她吃不了苦，不让她再继续，她竟然使出"撒手锏"——不停地哭，直哭得爸爸找到体校张教练同意收留了她，才破涕为笑。呵，真的是"退也哭，进也哭"。

多下狠功夫

从此，这对父女和公共汽车较上了劲儿，每天往返于3路公共汽车。父亲工作再忙，也陪着女儿学习。时间久了，3路公交车上的售票员都知道了这对父女风雨无阻地乘车是为了什么。秦晶的童年就在这样的寒来暑往中悄然流逝。

功夫不负有心人。秦晶的成长路上，不知洒下了多少汗水，同时也让自己的体操水平得到一次又一次质的飞跃。1995年进入省体操队，1996年进入提高班。同年9月，秦晶参加湖南省第八届运动会，获自由体操金牌、个人全能银牌和单杠第四名。这一年，她还参加了香港地区少年体操邀请赛，获得单杠冠军、个人全能亚军。1999年9月摘取了湖南省第二届青少年运动会个人全能和平衡木两项桂冠，同时获得自由体操银牌、高低杠银牌、跳马铜牌。2000年，秦晶入选国家队，成为世界平衡木冠军刘璇的同门师妹。

2005年10月16日晚，在南京举行的"十运会"体操赛场，同样从湖南走出的刘璇对"接班人"秦晶赞不绝口。刘璇说："平衡木是中国体操的传统强项，中国的平衡木水平很高。平衡木是一个最好练的项目，但也是最难得分的项目，因为平衡木只有10厘米的宽度，考的是心理素质，这是关键。秦晶的动作质量不错。她的身材非常苗条，是瘦高型，难度虽不很大，但动作做得非常漂亮。"这次比赛的结果，有点出乎秦晶的意料，她以9.925分的最高分获得冠军。这一成绩超过了2003年美国世界体操锦标赛上"平衡木皇后"的夺冠分9.812分。

良好的心理素质是必要条件

台上一分钟，台下十年功。多年的刻苦，为的是赛场上那一搏。可是比赛毕竟不同于训练，那种气氛并不是所有运动员都能适应得了的，秦晶也不例外。比如那次获得高分的时候，比赛前其实她挺紧张的，因为在她前面比赛的运动员成绩较高，给了她很大压力。正式比赛时，秦晶什么也不顾了，努力规范地去完成每一个动作，伸臂、转身、空翻……非常稳定，丝丝入扣，一气呵成。赛后的心态同样重要，没有什么可以耿耿于怀的。秦晶赛后虽然也会跟教练报告一下自己的心理状态，但并不将结果太放在心上。很多时候，好的心理素质决定了比赛的成败。秦晶的技术水平之所以一次又一次地得到质的飞跃，跟她良好的心理素质分不开。比如她在离多哈亚运会开赛前不久才入围参赛名单，主教练看中的也正是这一方面。

期待在以后的运动生涯中，秦晶能有更加出色的表现。

一语道破

秦晶有着良好的心理素质，相信她以后的人生同样会大放异彩。

遇见：2007年3月

后 续

2007年体操世界杯马里博尔站高低杠、自由体操季军。2008年8月北京奥运会后退役。退役后情况不详。

"小王子"何启超

何启超，男，湖南人，1994年12月21日出生于长沙，人称"体操小王子"。两次获得世界锦标赛青少年健美操个人第一名，与队友合作获全国健美操男女混合第一名、第九届世界健美操锦标赛暨第二届世界青少年健美操锦标赛银牌；连续3次获得"雏鹰杯"全国青少年儿童书法大赛金奖。

点击阅读

　　翻看旧照片，看到一张合影，上面的拍摄日期表明，早在2003年，我和何启超就见过面了。那时候他还在上小学四年级，已经在一次全国性的健美操比赛中拿了个少年丙组男子单人操基础套金奖。记得当时，我正在采访洪欣怡等3位学生，小小的他站在一旁，无忧无虑的样子，笑得很可爱——是呀，首战告捷，对谁来说都是值得高兴的事。那么，从2003年到2006年，3年过去，当年满面春风的他，还会保持那一抹纯净的微笑吗？我决定去看看他。

单打独斗

　　在体操房，当何启超的教练、国家级少儿健美操裁判郭老师介绍眼前这个个子高挑、身形优美的男孩就是何启超时，我差点认不出他来。郭老师转而问何启超，还认识这位记者老师吗？他有些茫然地摇摇头，却面带微笑，礼貌地说，不记得了。是呀，3年的时间，要发生多少故事，认识多少人，又忘掉多少人呀。那么这3年来，何启超的身上又发生了什么样的变化呢？

郭老师和我说着话，何启超则和队友们自行训练基本功。郭老师说："其实这孩子是有很大潜力的。他的优势是形象好，身材、四肢修长，有灵气，能领悟动作要领，特别是在动作细节上肯动脑筋。但他也有缺点，那就是做操化动作时身体硬了点，柔韧性不够。他自己也明白这一点，最近一直在加强这方面的训练。"郭老师含笑看着训练中的何启超，可想而知，她在何启超身上所倾注的心血和寄予的厚望很大。

学习健美操，要求队员身体、四肢修长，身材高大，身体控制稳。何启超的身体条件恰好都符合这些要求。2002年，正在学习花样体操的何启超成了郭老师唯一的一名男学生。

像所有对新鲜事物充满好奇的孩子一样，初涉健美操，何启超显得特别投入，也格外勤奋。每天除了按时完成教练布置的任务外，还在姐姐的"监督"下超量进行一些专业上的训练，比如压腿、屈腿跳等基础动作。训练间隙，他会和姐姐一同练习书法。第五、第六、第七届"雏鹰杯"全国青少年儿童书法大赛，何启超连续3次获得金奖。

台上一分钟，台下十年功。2003年8月，何启超参加了在昆明举办的全国青少年健美操锦标赛。初生牛犊不怕虎，第一次参加这种大规模的比赛，何启超一点儿也不害怕，一举获得少年丙组男子单人操基础套金奖。首战告捷让何启超变得特别自信，训练时也更有劲儿了。2004年3月，何启超赴深圳参加"华康杯"全国健美操青少年锦标赛，获少乙新人组男子单人操第一名。

转型混双

那时少年组男女双人混合健美操在国际上练的人不多，在国内则几乎是个空白。经过慎重考虑，郭老师决定组建一对全新的双人组合，她让何启超和女队员洪欣怡搭档，准备冲刺2006年的"世锦赛"。洪欣怡是郭老师组建的少年女子三人健美操组合的成员之一，她和队友一道，连续3次获得三人健美操冠军（前面曾经对她做过专题介绍）。洪欣怡个人也获得过全国健美操锦标赛最佳表现奖。2004年5月，当洪欣怡所在的组合获得三人操全国总决赛冠军后，郭老师正式将何启超和洪欣怡进行组合，并让洪欣怡主攻混双（男女混合双人组）。

可以说，郭老师的设想和举措让何启超感到了肩上的压力。以前，他都是一个人参加比赛，不用花时间去跟队友协调、配合，很自由，现在则必须跟队友合拍，动作必须整齐划一，加上郭老师是个有着很强目标定位的教练，所定的动作难度相当大，这样一来，何启超就不得不比以前更努力。何启超也确实努力了，不但逐渐适应了"混双"训练，还取得了相当不错的成绩。2005年2月，在全国青少年少乙组二级组比赛中，何启超和洪欣怡获得"混双"第一名。

然而，一帆风顺给人带来的积极作用并不能维持多久。参加比赛的次数多了，拿的奖多了，何启超逐渐变得有些得意起来。2004年，郭老师因怀孕生子，请了一名老师代课。由于少不更事，忽然脱离了郭老师管教的何启超放松了自我要求，和几位队员就像脱缰的马儿一样，变得松懈起来。这一段时间内，好几位学员不但没有进步，反而连一般的能力训练都做得马马虎虎。这一次懈怠，对何启超的消极影响非常大。

2005年9月，何启超获得长沙市第六届运动会健美操少年组三级男子单人操冠军以后，于10月赶赴深圳，参加"世锦赛"训练营的第一轮选拔赛。郭老师所教的湖南队以前总被人家作为第一竞争对手，这次比赛，优势却并不明显。赛前，何启超和其他队员还盲目自信，直到比赛开始后，大家才明白兔子和乌龟的区别，只不过是在训练时投入精力多与少的区别。

2005年12月底，何启超和洪欣怡这一组合参加全国青少年新周期等级动作拍摄时，意外地被刷下来了。当时国家体委（现国家体育总局）相关领导说，对他们必须严格要求，因为他们代表的不是个人，而是国家。可以说，这次失败对何启超个人来说，是适时敲响的警钟。因为从没品尝过失败的滋味，而导致他年少轻狂。然而，塞翁失马，焉知非福？有挫折才会有动力，失败有时候更能激发人的向上精神。可以说，这次失败对何启超心理素质的锤炼起到了很大的促进作用。此后，他并没有一蹶不振，训练时主动意识明显增强。他和洪欣怡在郭老师面前立下"军令状"：要在以后的训练中改掉一切不良习惯，更加用心地做好一切规定动作，多练"转体360度成垂直劈腿"和"屈体分腿跳360度成俯撑"等高难度动作，不管困难有多大，都要争取以最佳状态出现在下一次比赛中。

2006年2月底，在北京举行的"世锦赛"训练营第二次选拔赛上，何启超与洪欣怡奋勇拼搏，夺得第一名。随后，等待他们的将是代表国家队参加在南京举行的"世锦赛"……还要送走多少个黄昏，还要投下多少滴汗水，何启超才会在"世锦赛"上力挫群雄？何启超天真而饱含自信的笑容似乎告诉人们：让我们拭目以待！

一语道破

作家赵德发说："古人讲：'凡有血气，皆有争心。'毫无疑问，何启超是血气充沛、争心特强的一位'小王子'。但在竞技场上，单凭血气和争心还不够，还要有胜不骄败不馁的韧性。在遭受挫折之后，何启超再次夺得金奖，这才让我们看到了真正的'王者'风范。"

遇见：2006年3月

后续

何启超、洪欣怡是一对爱拌嘴的"老"搭档，连续5年获得全国冠军；代表中国参加第九届世界健美操锦标赛暨第二届世界青少年健美操锦标赛，夺得混合双人操银牌。2013年，与队友洪欣怡同时单招进入河海大学就读，2014年与洪欣怡一起进入全国健美操联赛第四站成年组有氧舞蹈决赛。目前为大三学生。

第四部分

综合

大多数决战场上，
良好的综合素质
让我们稳操胜券。

就这样叩开"牛津"的门

郑雨雯（化名），女，1986年出生，湖南人。2002年5月，她只身远赴英国留学，进行为期两年的A-level（高级高中）学习。2003年12月，考入世界著名学府之一的英国牛津大学。

点击阅读

"丁零零……"第一声电话铃声未毕，早已守候在电话机前的郑先生迅疾提起听筒。

"爸爸，"电话里传来的声音显得忧伤无助，"是坏消息……"

"没关系，'牛津''剑桥'要是那么容易考上，就不叫'牛津''剑桥'了……"郑先生忙不迭地安慰电话那端的女儿。

"我是说，你们要好好加油赚钱，否则付不起我牛津的学费了呀！"

时间静止了两秒。突然，郑先生兴奋得尖叫起来，引来电话那端一串银铃般的笑声。

这个"谎报军情"的调皮女孩名叫郑雨雯，是郑先生的独生女儿。这个电话，是郑雨雯拿到英国牛津大学录取通知书后在第一时间打回国内的，她要与最亲的爸爸妈妈分享自己成功的喜悦。这一天，是2003年12月28日。

"牛津女孩"从此成了她的昵称，这个称谓饱含了人们对她的赞美与肯定。

"牛津"当初是个遥远的梦

郑雨雯最初与"牛津"二字对上号，是她上小学一年级时的第一次考试后。那天，她蹦蹦跳跳地拿着双百分的试卷回家炫耀。爷爷见了，呵呵一笑："好！以后上北大、上复旦！"谁知郑雨雯却嘴一噘，胸一挺，超酷地对爷爷说："爷爷您太小看我了吧，我可是'牛津''剑桥'的料！"说话时，还用右手拍了一下胸脯，好像与爷爷较劲似的。郑雨雯此话一出，把全家人都惊呆了，他们根本不知道这个才满6岁、牙都还没有长齐的黄毛小丫头是从哪里听来"牛津""剑桥"这样的词汇的。当时，谁也没有将小女孩的话当真，只是以为她开了个天真可爱的玩笑，于是，都笑得喘不过气来。

郑雨雯自己可不认为她是在开玩笑，虽然不明白"牛津""剑桥"到底有什么与众不同之处，但自打听说后，她就想着自己一定会与它们有缘的，于是，便决定暗暗努力，以保证将来实现自己的梦想。后来，郑雨雯进入某大学附属中学读高中。在这所教学质量位居湖南省前列的学校里，优秀学生简直太多了。郑雨雯再不是读小学或初中时数一数二的尖子生，她的成绩开始在全校排名"前一半"的范围内大幅度地"浮动"。在这样的状况下，郑雨雯虽然没有"挣扎于水火"的感觉，但也毫无惬意可言。她对这种上不着天、下不着地的状态郁闷至极，因为照此下去，不要说牛津、剑桥、北大、复旦，就连其他稍好的大学也似乎变得遥不可及，她担心自己的梦想可能真的如小时候大人们所想，纯属"天真可爱"而已。

A-level，不仅仅是投石问路

当时正值中学生出国留学大热，留学中介如雨后春笋。一天，郑雨雯的爸爸偶然听了一场中介推广会，就当即拍板让女儿去英国读A-level。

"我一直觉得出国对我来说早已注定——只是时间和地点的问题。"郑雨雯这样看待自己的出国缘由。

"去英国。"全家一致通过这一决定后，又开始对A-level这一"新鲜事物"进行了一番周密调查。A-level可以被称作高级高中，是大学前的两年预科，不管是对英国本土学生还是外国留学生，顶尖的5所大学都只认可A-level成绩。"只有A-level才能提供上'牛津''剑桥'的机会。"爸爸打听来的这一消息，尤其是"牛津、剑桥"4个字，令郑雨雯怦然心动，原本不再奢望的梦想，竟然又被重新拾起。就这样，小小的她只身一人踏上了异国的土地，开始了艰难的求学路。

刚开始，期待已久的A-level生活确实给郑雨雯带来不少惊喜。开学第一天拿到一张空荡荡的课表，稀稀拉拉列出一周不到20小时的课程。接着由学生自由选科。这里的班级很小，几人至十几人不等，优势不言而喻：学生一少，每人所获得的关注自然就多，老师常常能准确地说出学生哪一章节需要加强。

上A-level，文理科的难度并不一样。但一般来说，学习习惯好的中国学生总是能很快找到有效的方式，所以拿A不算太难。

每周每门5小时课、3小时作业，留下大把的空闲时间。但是，这不过是老师们欲擒故纵罢了——享受自由的条件是自律和自觉。"信不信由你，习惯了国内学习生活的我就是闲不下来，竟然会自己压迫自己，主动找题来做，找资料来研究。至于方向和内容，全由自己决定。一旦有了这'决定'的权利，一切便有的放矢，还好，常常拿A。"说到这里，郑雨雯狡黠地眨了一下眼睛。

好梦成真，"牛津"之门为她洞开

充实而快乐的第一年A-level生活结束之后，郑雨雯开始准备申请大学。爸爸妈妈都远在国内，帮不上忙，一切都得靠她自己拿主意。填表，写简历，参加大学生的开放日，选专业选学校，然后连同教师评价和成绩评估表，一并匆忙寄走。很快，她收到了帝国理工、伦敦大学、华威和曼彻斯特等大学的录取通知书。但最让她激动的是，牛津大学给她寄来了面试通知。

在英国几百所大学中，只有牛津大学与剑桥大学是以面试来筛选考生的大学。郑雨雯忙着准备复习，恨不得一天有100个小时。

两个月后，面试日期来临，郑雨雯反而忘了紧张。她穿着套装，优雅地走进房间，却大吃一惊：她的主考官，一位30岁出头的英俊男人，正在嘎吱嘎吱地吃巧克力！面试正式开始。主考官先给她几道数学题，刚好是她所擅长的，心中不禁暗喜。主考官却马上打断她的书写，说："你既然会做，我就不问了，换个别的。"最后一个问题，从没见过，只好尽量把思路的每一步都写下来，说给主考官听。因为早有老师告诫过，面试，不是要显示你已知多少，而是要显示你有能力解决未知的问题，"How you think"才是考官重视的。

临走的时候，这个长得像本·阿弗雷克的主考官告诉郑雨雯，如果顺利的话，他就是她的导师。郑雨雯心中暗喜，却极力掩饰，浅浅一笑说：

"I'm looking forward to seeing you again."

等成绩的几天里，郑雨雯不断想象被录取或被拒绝的情形，做了两方面的心理准备。她回想主考官赞赏的眼神，觉得自己很有希望，但想到20选4的比例，又不安起来。一天早上，她终于收到印有"Oxford"（牛津大学）印章的信。

"I'm pleased to be able to tell you that……"将信拆开，等不及看完第一行，郑雨雯就跳到电话机旁，调皮地开了一个玩笑，将这一消息告诉守候在电话机旁的家人。

"听到爸爸在电话里的尖叫声，是我17年里最快乐的一刻。我终于实现了自己6岁时的梦想，终于能够把这份喜悦跟家人分享。我努力过，我得到了。过程和结果，都是组成快乐的成分。"郑雨雯成功选择了自己的人生之路，同时，她更希望她的同学与朋友也能有个选择的机会。"以很多人的才智和付出，他们完全有理由走得更远，飞得更高，获得更加响亮的喝彩。"她这样说。

一语道破

俏皮的郑雨雯同学，路走对了，便什么都对了。

遇见：2004年8月

后续

2009年，郑雨雯在给母校的来信中说，"是母校的教育，让我在世界知名大学如鱼得水。"此后仍然留在英国至今。

双向选择："哈佛"——唐

唐婉黎（化名），女，生于上海，毕业于上海复旦附中。唐婉黎上小学时担任上海知名电视台少儿频道的记者，初三时获得"上海十佳好少年"称号，高二时荣获上海高中生辩论大赛"最佳辩手"称号，是上海市被授予市、区三好学生和优秀学生干部荣誉最多的学生。2003年9月到2004年9月，以公派交流生身份，在美国西德威尔高中学习一年。2004年12月20日，世界著名学府美国哈佛大学将提前录取通知书送达唐婉黎的手中，同时为她提供每学年4.5万美元全额奖学金。

点·击·阅·读

　　一纸录取通知书，使她成为各级媒体关注的焦点。她和来自亚洲另一个国家的一名学生一起，成为2004年整个亚洲仅有的两名被哈佛大学提前录取的学生。以往，哈佛大学发放新生入学录取通知书的时间在每年春季的4月份，但对少量特别优秀的学生例外，会在头一年的圣诞节前夕给他们发放提前录取通知书，有幸获得这一机会的学生不超过新生的8%。她，便是这8%新生中的一员——上海某大学附属中学高三学生唐婉黎。

"要取得好成绩是需要付出汗水和努力的"

"你这么出色，你的学习经验是怎样的呢？"面对这个大多数记者想了解的问题，唐婉黎淡然一笑，说，这个问题，我总结不出来。但她转而又说，就像不能搭建空中楼阁一样，学习不可能凭空想象，必须实实在在地去努力。她之所以能取得这样的成绩，都得益于拥有扎实的基础知识，特别是上小学和初中时，那些必做的和额外的习题，那些如同面对战役的苦煎苦熬，都让她获益匪浅，终生难忘。"要取得好成绩是需要付出汗水和努力的"，这句话，应该算是她最朴素的学习经验吧。

除了努力，唐婉黎成绩斐然的另一个重要因素是平衡学习和社会活动之间的关系。因为爸爸是语文教师的缘故，唐婉黎从小就在文学修养等方面得到了有益的熏陶。聪明的她总是能够做到举一反三，在演讲、作文、艺术等方面也表现出少有的热情。一直以来，她在这些领域获得了很多的奖励。她上小学时就担任上海最为知名的电视台少儿频道的记者，初三时获得"上海十佳好少年"称号，高二时参加上海高中生辩论大赛，以深厚的文化底蕴和杰出的语言能力荣获"最佳辩手"称号。此外，在艺术、文史等多个方面，她都获得过市级、国家级奖项，是上海市被授予市、区三好学生，优秀学生干部荣誉最多的学生。唐婉黎在美国最好的高中之一西德威尔高中做交流生时，被人这样称赞："她是学生领袖型的人才。"其间，她以自己的聪明才智，充分展现了中国学生的综合实力，不断更新西德威尔对中国学生的传统印象。

之所以取得这些不错的成绩，唐婉黎有一套异常简单却行之有效的方法，那就是对所有事情都百分之百地投入。唐婉黎说，"负责任"是她做任何事情的绝对前提，只要是自己选择了的事，都会百分之百地投入。上初二时，她自己办了一个网站，将全部身心投入其中，结果到初三时，中考前的模拟考试成绩比预想的要糟糕。中考迫在眉睫，她便把自己关起来，通宵挑灯夜战，全身心投入，终于以全区第一、全市第二的成绩被复旦附中录取。与此同时，她仍然没有丢下网站的工作，照样打理得井井有条。

"我选择了哈佛，幸运的是，哈佛最终也选择了我"

在高手如林的附中，唐婉黎的文化成绩并不是最出色的，只能算中等偏上，也没有在奥林匹克竞赛等方面摘金夺银的记录。那么作为一名并不处于成绩金字塔最顶端的学生，"哈佛"为何对她如此情有独钟？原因并不复杂，那就是，"哈佛"考察的是一个人的综合素质和能力。唐婉黎从小在各种场合及社会活动中锻炼。高中时，身为校学生会主席的她，组织策划过校内外各种活动。这些参与和投入，都使得她的综合素质和领导才华十分出众。

2003年9月，唐婉黎远赴美国，作为学校公派的交流学生，去西德威尔高中留学，为期一年。西德威尔是美国最好的高中之一，在那里，唐婉黎依然将自己的性格发挥得淋漓尽致，让校方一次又一次地从她身上看到很多他们想象不到的精彩。这让他们感到非常惊喜，传统中对中国学生的印象随着唐婉黎的表现而不断地被刷新。秋季，她积极参加美国学生球队。凭着一股认真劲儿，没有任何曲棍球经验的她在第一场比赛中，就为美国高中球队进了球。这时，她加入球队还不到一个星期。此外，她还参加了篮球队。在篮球和曲棍球两支球队的生活中，唐婉黎以球会友，和美国同学结下了深厚的友谊。

在美国的这一年，"哈佛"对唐婉黎产生了巨大的吸引力。当时，有好几所在美国名列前茅的知名大学抢先来"挖"人，希望她能去进一步深造，但这些都没能撼动她想要进入"哈佛"的决心。她报了名，向"哈佛"递交了申请书。

哈佛大学向来以"为世界培养各个领域的领袖型人才"为主旨，这正是唐婉黎的奋斗目标。"在一般人眼中，'哈佛'高不可攀，我能仅仅拿'不逊色于国外同龄学生'这一点来使自己出类拔萃吗？不，这是远远不够的。"唐婉黎在认真分析自己的综合实力后，非常自信地想，中国学生的教育背景和文化背景在世界上是不容忽视的，中国学生大都有着成熟的举止和独到的见地，能够恰如其分地处理许多问题。这样的大背景加上自己超出同龄人的综合能力，一定会在今后的学习竞争中起到非常关键的作用。

"我选择了哈佛，幸运的是，哈佛最终也选择了我。"唐婉黎说，被哈佛提前录取，她感到荣幸和骄傲。但是，她不希望人们称她为"哈佛女孩"，不希望这种荣耀只停留在这一瞬间。她说，如果10年后，大家在谈到唐婉黎时，仍然只能说出"唐婉黎被哈佛提前录取"等，那她肯定会深感悲哀。

拿到"哈佛"的录取通知书后，唐婉黎在老师的安排下，来到复旦大学预先学习大学课程。同时，她还决定申请一些美国民间教育机构的奖学金，为将来大学阶段的学习做准备。

2008年，奥运会在中国北京举办，那时，唐婉黎正读大学三年级。去之前，她说："到时，我打算回国做'奥运'志愿者。我特别希望做一名翻译，哪怕是帮选手指指路也好。我想，我一定会成为一名出色的志愿者！"
对任何事情，唐婉黎都有足够的自信。

一语道破

"就像不能搭建空中楼阁一样，学习不
可能凭空想象，必须实实在在地去努力。"
什么事不应该这样呢？

遇见：2005年4月

后 续

在哈佛2005年的秋天，唐婉黎知道她要做什么了——把美国教育的优点
带回中国。她开始主持创办一个由学生举办、面向学生的交流夏令营，旨在
向中国推行哈佛式教育经验。在她的问题里有些在美国看似普通，但是在中
国却很不寻常，比如："如果你可以做一件事情来改变这个世界，你会怎么
做呢？"对于这个问题，婉黎的回答是：帮助改进中国教育。

"通过这个活动，让学生们知道学生领袖并不仅限于学习成绩名列前茅
的尖子生或是主宰学校各项活动的学生干部。当代中国的学生领袖应具备学
术能力、创业精神、领袖气质和公民意识，这4种素质也正是哈佛大学选拔
学生时重点考查的内容。"这是唐婉黎对夏令营意义的阐述。

包括哈佛大学招生办主任、哈佛大学费正清东亚研究中心主任在内的顾
问团纷纷对这一活动给予支持和鼓励。高盛基金会给予峰会每年20万美元的
赞助，这是高盛对同类教育项目最高的投资纪录。

高盛基金会时任亚太区董事兼总经理的徐子望说：夏令营并不是西方教

育的简单移植，而是基于中国教育背景下的拓展。

在哈佛期间，唐婉黎除了创办这个她和同学一同建立的美国联邦非营利机构以外，还在2008年承办了中国奥组委在北美11所高校的"奥运校园行"活动，并获得联想集团300万人民币赞助。来自清华、北大的学生代表们以中国学生领袖和青年大使的身份，和北美学生参与一系列关于中国的积极讨论，比如其在全球市场中日渐突起的地位，越来越被西方接受和认同的文化，环境意识和经济增长之间的平衡，等等。

这项活动加深了中美学生对两国经济、政治、文化等主题的理解、认识，两国部分最为精英的学生通过活动建立了非常深厚的友谊；活动还邀请了包括知名慈善家李连杰，前高盛全球总裁、清华大学教授John Thornton，《大西洋月刊》编辑James Fallows，麦肯锡资深董事吴亦兵在内的多位中美各界知名人士发表精彩演讲，在双方代表中引起热烈反响。

2009年，唐婉黎从哈佛大学经济系毕业。在毕业典礼传统宗教仪式上，唐婉黎作为全体华人学生的代表发言，并诵读了东方人文经典。

毕业后，唐婉黎数年担任哈佛大学在中国地区的面试官，每年至少有一名经过她面试的学生被哈佛录取。哈佛大学对面试官的要求严格：不仅要眼光独到，视野开阔，且绝对不能和留学中介机构有任何瓜葛。

"哈佛面试官"纯属志愿性质。"根据哈佛传统，我们每个人都必须为母校做贡献。"唐婉黎说。这一项工作没有任何报酬。

现在，唐婉黎为自己的高中母校捐款成立了个人助学项目，以资助更多中国学生获得赴美国名校交流的机会。

攻克"剑桥"

凌菲苗（化名），1987年生，5岁时随父母到英国剑桥大学生活、学习，在初中毕业会考（GCSE）和高中毕业考试（A-level）中，全部取得了A，被剑桥大学（以下简称"剑桥"）三一学院录取。学习之余，凌菲苗还有很多爱好，已经获得小提琴专业演奏水平证书和准硕士证书以及钢琴专业演奏水平证书。在一年一度的剑桥音乐节上，凌菲苗多次获得钢琴、小提琴演奏的一等奖。他还爱好体育运动，最爱打羽毛球、网球和壁球。他从上小学起就热爱电脑，是小有名气的网络安全专家和开放源代码软件收藏家。

点击阅读

书卷气中带着一些调皮劲儿，这是凌菲苗给人的最初印象。

老爸搭"桥"

"教育是一项很好的事业，解决一个问题不如培养一个能解决问题的人。"凌菲苗是幸运的，因为他老爸的心一直放在培养人才上面。作为英国皇家学会和剑桥大学的高级研究员，2003年凌爸爸开始正式把英国的初、高中课程和考试制度引入中国。

凌菲苗5岁时随父母到剑桥生活。他的学习成绩一直都很优秀。那一年参加初中毕业会考（GCSE）时，他所参加考试的10门功课全部取得了最好成绩A，在全校120名毕业生中，仅有两名学生获得这样的最好成绩。后来参加A-level考试，又全部取得了A。A-level相当于英国的高考，是英国公开的大学入学考试，也是全球所有大学普遍接受的入学资格考试。A-level成绩拔尖的学生有机会进入世界排名最前列的国际著名大学。但A-level的难度比较大，相当于读完大学基础课的水平，目的是为了完成中等教育和高等教育的顺利过渡。凌菲苗所在的英国高中里，97个毕业生中有8个考上了英国最高学府剑桥大学，其中4个是中国学生，而这个年级的中国学生一共只有5人。凌菲苗的老爸因此认识到，中国学生难以进入世界一流大学，不是因为他们不聪明或不努力，而是他们缺少一座桥梁。就这样，凌菲苗成为老爸架设"桥梁"对象中的一员。也正因为有了老爸的真知灼见，凌菲苗凭借A-level的优异成绩被剑桥大学三一学院录取，攻读自然科学。三一学院是剑桥大学最好的学院之一，剑桥大学历史上产生了八九十位诺贝尔奖获得者，其中，三一学院就有31位。

自己冲锋

凌菲苗感谢老爸的同时，也肯定了自己的努力。他说，如果撇开老爸培养的因素，只要自己花功夫好好学习，同样可以上剑桥。你看，爷爷的学历不高，爸爸是在农村长大的，他不也考上了剑桥吗？

凌菲苗已经不记得5岁那年初去英国时第一天上学的情景。老爸说，那一天早上送凌菲苗去上学的时候，他并不想去，因为他不知道英国的学校是什么样的。但老爸傍晚把他接回来的时候，他嘀咕了两句话。他说："爸爸，怎么想上的学校3点15分就放学了，不想上的学校5点半还不放学？为什么才一天我就这么喜欢那个学校？为什么教室里头没有那么多课桌，周围都是玩具？"

4个月后，凌菲苗逐渐适应了学校的环境，开始学着用英语说话了。而前面的3个月，他连最简单的英语都不会讲，到第六个月的时候，有一天，凌菲苗突然对老爸说："爸爸，你的发音错了！"这让老爸很惊讶，心想儿子怎么会进步这么快。

有人说，国外的教育更注重社会实践。确实，国外很多学校比较注重培养学生的动手能力，培养他们的独创性。他们强调对孩子进行体验式的教学方式，有些事情不是父母或者老师帮忙决定，而是让孩子亲自尝试、体验。凌菲苗很小的时候，曾做过一个关于电灯照明的实验，还配制了一些化学材料，做过一些桥。做桥时，同学们分成好几个组，有的人独立设计。结果，凌菲苗设计的桥得到了老师的夸奖，他得了冠军。

在谈到学习方法时，凌菲苗说，要主动，遇到不懂的地方，要多听课，多读书。他当时甚至提前读了很多大学的书。但那些书讲得很深，他只能努力去弄清里面的知识，尽可能去理解最基本的框架。如果从这本书中找不到答案，他会去找另外一本参考书，往往能从另外一个角度对问题进行论证。

凌菲苗喜欢跟老爸较劲。他收集了很多飞机模型，能说出每一架飞机的特征及速度等。正在得意之时，老爸却突然问他知不知道喷气式飞机是怎么工作的。这一下他被难住了。老爸趁机激将说，你了解的都是非常浅层的，你搞清楚了飞机的基本情况，但是不知道飞机是怎么工作的，那算什么本事。过了几天，凌菲苗反过来问老爸："爸爸，喷气式飞机是靠吸进去的气和推出去的气来工作的。那么，吸进去的气和推出去的气是不是一样的呢？"这一回轮到老爸被难住了。凌菲苗说："应该是吸进去和推出去的气的速度一样。"老爸听了，着实夸了他一番。

因为理科方面的成绩一贯突出，凌菲苗选择了剑桥的自然科学专业。老爸对他说："不要只选对自己贡献最大的东西，不能只考虑自己的所得，也要考虑社会的所得。你学习生物，很多生命上的问题需要解决。当你解决这些问题的时候，你会发现，这比你向社会索求很多东西重要得多。"

兴趣多元

老爸讲，做人就要做得优秀。凌菲苗则说，要做极品。他说："我一直的想法就是要成功，花一些功夫，成功就行。"凌菲苗对电脑的兴趣特别浓，从小学到中学，他都自己摆弄自己的电脑。2006年，凌菲苗的电脑使用的是当时最先进的操作系统，是网上小有名气的网络安全专家和开放源代码软件收藏家。

凌菲苗还参加了钢琴和小提琴的培训。但他说，自己安排时间的能力不是特别强，通常都是等到最后才把事情办好。但是他会给自己制订一个计划，比如学琴方面，他总会给自己下达任务，每个星期应该练习哪些内容。凌菲苗10岁时便以优异的成绩通过小提琴八级，11岁时以同样优异的成绩通过钢琴八级，2006年已经获得了小提琴专业演奏水平证书和准硕士证书，以及钢琴专业演奏水平证书。在一年一度的剑桥音乐节上，凌菲苗多次获得钢琴、小提琴演奏的一等奖。

在一次比赛中，凌菲苗曾经用一天的时间改变自己，反败为胜。当时，老爸带他参加剑桥音乐节比赛的第一天，凌菲苗只拿了三等奖，而过去他都是拿金牌的。他对老爸说，自己运气不好，因为裁判很偏向一个女孩子，其实我弹得很好。老爸说在今天这样的情况下，你有没有办法改变这种局面？你知道裁判受观众掌声的影响很大，你要相信观众的欣赏水平。如果你能做到技术上很优秀，观众听着也觉得很舒服，你说能不得奖吗？于是，凌菲苗晚上用心地练习新的曲目。第二天，观众的掌声很热烈，他一口气拿了5个奖杯。

凌菲苗还爱好体育运动，最爱打羽毛球、网球和壁球，表现都很棒。

问到如何评价自己，能给自己打多少分时，凌菲苗说："90分，但还有空间可以发挥。我觉得不管多好，还可以再下点功夫，让自己变得更好。"一个态度积极的人，很多方面都可以心想事成。凌菲苗便是如此。

一语道破

全面发展，让自己变得更好。你也可以。

遇见：2006年6月

后 续

就职于一家全球顶级的投资银行。

挥着翅膀的女孩

丘迟颖，女，1988年出生，高中毕业于辽宁省省会某中学，高中毕业时收到美国麻省理工学院、宾夕法尼亚大学等9所美国知名大学的录取通知书，最终选择到美国麻省理工学院就读。

点击阅读

有一些女孩，放在人堆里时，就像一滴融入大海的水，或一粒掉落沙滩的细沙，平凡得让人难以认出。但是她们身上有着一种隐藏已久的光芒，一旦散发便会如此炫目。她们点点滴滴的努力，像黑夜中繁星汇聚的光芒，足以为夜空增添一抹亮色。让我们走近挥着透明翅膀翩翩起舞的她——丘迟颖。

闪着智慧光芒的眼睛、翘翘的下巴、大大的耳朵、健康的肌肤……这是个外表并不怎么突出的女生，看起来却是那么的阳光而又可爱。高考前后，她先后收到了来自美国麻省理工学院、宾夕法尼亚大学等9所美国知名大学的录取通知书。她就是在辽宁省省会某中学毕业的丘迟颖。考虑再三，丘迟颖最后决定去向往已久的、给她提供全额奖学金的美国麻省理工学院。

朋友一样的母女

现在的孩子大多是独生子女，沟通的对象相对而言比较少，似乎总有些朋友不多的感觉。可是在丘迟颖看来，不是这样的。她的一个很重要的朋友就是她的妈妈。有的大人教育子女总是用命令式、教训式的口吻，可是丘妈妈不这样教育女儿。无论发生什么样的情况，她都不会对丘迟颖说"别这样""不行"之类的话。一般来说，她都是像朋友一样，以商量的口吻跟丘迟颖谈论事情。丘迟颖最喜欢漫画类的书，妈妈就专门去漫画市场帮她淘了很多回来，都是市面上最流行、版本最新的。对丘迟颖热衷的事情，丘妈妈采取的是疏而不是堵的方法。她说："这是我采取的一个安抚政策。孩子对自己喜欢的东西总是放不下，这样就会影响学习。所以，不如去帮她买回来，让她知道这已经是属于她的了，她反而就不急着去看了。"现在很多孩子喜欢上网，做父母的不妨尝试一下这样的方法，对孩子的成长肯定有好处。

就连很多中国家长避讳的早恋问题，丘迟颖也可以和妈妈沟通。妈妈开玩笑地对她说，如果收到男孩子的来信，要不要妈妈帮你回呀？母女俩能这样坦诚以对，还有什么事情处理不好呢？

为获胜加分的综合素质

丘迟颖4岁就开始学习弹钢琴了。学习钢琴可以培养人的气质。另外，学过钢琴的人都知道，学习钢琴还可以培养一个人的毅力，背钢琴谱可以锻炼记忆力，钢琴指法的运用则有利于充分开发左右脑。丘迟颖学习时注意力非常集中，记忆力也相当好，丘妈妈笑着说，这应该与她练琴有关系。

丘迟颖的班主任也说，丘迟颖的注意力高度集中，记忆力好。丘迟颖上课时眼睛从来不离开老师，每节课都尽量争取当堂就把老师讲过的知识消化。事实上她也做到了，只要是听老师讲过的，她都不会出错。另外，丘迟颖能取得好成绩是有原因的，那就是自觉。老师说，丘迟颖参加了很多招生考试，国内外的都有，落下了一些课程。但是懂事的她无论从哪里考试回来，第一时间就是回校，把落下的课程补起来。既要考试，又要补课，丘迟颖是在用一个人的时间和精力干两个人的事。她干得很用心，一点儿也不毛躁。

6岁时，正在学习钢琴的丘迟颖又开始学习跳舞。她还喜欢打篮球、网球、台球和游泳，参加过全国定向越野锦标赛。另外，她还是学校发明学会的会长，她发明的净鞋器和卫生门，分别获得过全国发明展览会银牌和辽宁省青少年科技创新大赛一等奖。

丘迟颖的英语也超级棒。美国大学的一位主考官甚至用"very、very、very good"来夸奖她流利的口语。

读万卷书，行万里路。家里为丘迟颖买了很多书，她都会去看。另外，每逢假期，丘妈妈总会带着女儿出去走走，让女儿拥有一个轻松快乐的假期。多少年来，她们一直坚持着。"只要哪天一放假，我和妈妈就会出去，一走就是七八天或半个月，已经走了很多的地方。"丘迟颖喜欢跟妈妈一起行走的感觉。

萦绕已久的国外大学梦

家长和学校都对品学兼优的丘迟颖寄予厚望，认为她考清华和北大这两所大学不会有问题。可丘迟颖自己不是这样想的。她的想法是考到国外去，因为那是她向往已久的。于是，她开始申请国外大学，做必要的准备工作。

这花了她整整8个月的时间。

为什么会这样？这得从高二上学期的一件事说起。那时，丘迟颖抱着试试看的心理参加了一次托福考试，没想到居然取得了643分的好成绩。要知道，能够达到这个分数以上的人仅占10%的比例，其中甚至包括一些在中国的美国学生。可以说，这次考试为她报考美国大学增添了信心。

就在大家都在高考这座独木桥上拼杀冲刺时，丘迟颖却忙着准备申请材料，到中国香港、深圳等地参加另外一种考试，即国外大学在中国举行的招生考试。

考试成绩出来了。于是，丘迟颖向在美国排名前100位的14所美国大学发出就读申请。后来，丘迟颖陆续收到了美国麻省理工学院、宾夕法尼亚大学、达特茅斯学院、康奈尔大学等9所大学寄来的录取通知书。

为什么这么多学校对丘迟颖青睐有加？除了考试成绩，他们看重的是丘迟颖超强的综合素质。因为他们看到，在迟颖向美国大学发出的申请材料中，除了优异的成绩，还有广泛的爱好。她的动手能力和实践能力等构成的综合素质将他们彻底征服。

丘迟颖最后的选择是世界名校、在美国工程类大学中排名第一的麻省理工学院，这也是学理科的她心中理想的一所大学。据悉，麻省理工学院为她提供了全额奖学金——每年4.6万美元。

丘迟颖去美国开始她全新的留学生活还只是个开始。她对自己的生活设计了这样的蓝图：读完本科读硕士，然后再读博士，成为一名研究人员，通过努力实现人类的一个梦想——星际航行。

我手绘我心。相信只要继续努力，丘迟颖一定会实现自己的梦想。

一语道破

综合素质强，走到哪儿都不怕。这也是丘迟颖的成功秘诀。

遇见：2006年9月

后 续

2013年，丘迟颖作为主申请人，申请多项发明专利。目前继续从事相关专业的探索与研究。

与杨利伟面对面

焦龙，男，1989年7月出生，共青团员，2002年度湖南省长沙市市级"三好学生"。曾为湖南省省级重点中学雅礼中学校航模活动遥控队队长。他酷爱科技活动，特别是航空模型运动，曾先后获得长沙市运动会航模竞赛的远程遥控组个人第二名、湖南省中小学生"三模"（海陆空）比赛远程遥控组个人第一名的好成绩。2003年12月，被选为中国"百名航空少年"。与来自全国各地的百名航空少年一道，在北京中国航空博物馆与中国首位进入太空的航天员杨利伟面对面地进行了一场大型交流活动。

点击阅读

采访焦龙，是在他参加完与杨利伟面对面的大型交流活动之后。那时，他似乎仍然沉浸在与杨利伟交流的喜悦中，满脸的自豪。

难忘的北京之行

2003年是人类有动力飞机发明100周年。100年前的12月17日，美国的莱特兄弟制造的飞行者一号试飞成功，把人类使用有动力飞行器升空飞行的梦想变为现实。为了纪念这项伟大的发明，世界各国纷纷组织各种庆祝活动。美国、英国、法国、加拿大、俄罗斯、澳大利亚等近20个国家，有的从1999年开始就成立了相关组织，举办各类庆典和系列纪念活动。

在中国，中国国家科技部、国防科工委、中国科协等九部委和单位组织开展了航空百年"百名航空少年"评选活动，旨在引导青少年学生热爱航空，了解航空，参与航空，从小立志献身航空，激发青少年探索科学的热情，培养创新意识和能力，提高科学素养，为中国航空事业储备更多的优秀人才。经过层层严格细致的考查，湖南省长沙市雅礼中学23班学生焦龙成为"百名航空少年"中的一员。湖南省另两名跟焦龙一起入围的同学，是浏阳市一中的李尤福和株洲南方公司子弟中学的夏泓婧。2003年12月13日至17日，焦龙与全国各地的"航空少年"一道，进京参加集体授勋活动，并与我国首位进入太空的宇航员杨利伟进行了面对面的交流活动。

12月13日，焦龙乘坐的飞机，降落在北京首都国际机场。12月14日早上7时30分，航空少年们身着航空服，参加营员授旗仪式。随后，大家怀着激动的心情参观中国航空博物馆，见识了歼-5、歼-8、米格-15等世界知名的老牌飞机，了解了飞机发展史。参观完毕，举行"百名航空少年"命名仪式。接下来便是与航空英雄、中国首位进入太空的宇航员杨利伟叔叔交流、合影。一见面，杨叔叔便热情地与大家一一握手。在热烈的气氛中，交流开始了。这些少年有各式各样的问题要询问杨叔叔，比如飞行前的训练项目都有哪些，训练强度有多大，进入太空后的身体感觉与心情怎么样……对这些问题，杨叔叔尽可能满足大家的好奇心，并一再夸奖他们是优秀的孩子，是祖国航空事业强大的后备力量。"当英雄出现在我面前并与我们亲切地交流时，有一种深刻的信念在鼓励我：现在一定要学好基础知识，将来奉献祖国的航空事业。"告诉我这些话时，焦龙依然掩饰不住自己激动的心情。

当天晚上，焦龙与小伙伴们一道，聆听了中国航空工程院院士陈一坚的讲座和王牌飞行员黄炳辉的报告。黄叔叔在试飞过程中曾经19次遇险，在这种紧要关头，原本每次他都可以弃机跳伞，以免生命发生危险。但他临危不惧，沉着地操作，终于一次次化险为夷，胜利地完成试飞任务。讲述这些时，黄叔叔脸上平静的表情，让焦龙感觉到了一个飞行员必备的稳健与不事张扬的素质。

12月15日，焦龙与大家一同参观了北京首都国际机场、民航飞行训练中心与中国科学技术馆，亲自动手参加各种实验。晚上，参加航模制作。

12月16日清晨，怀着一颗激动的心，焦龙与大家在天安门广场观看了庄严的升国旗仪式，然后参观了毛主席纪念堂；中午，观看了北京航空航天大学学生的航模表演；下午，参观北京航空航天大学航空馆后，分组举行航模放飞比赛；晚上，又体味了"共享蓝天"大型晚会的欢乐。就在这几天的交往中，焦龙与其他"航空少年"结下了深厚的友谊，他们约定，将来要共同为祖国的航空事业做贡献。

12月17日，大家兴高采烈地登上长城。在居庸关，大家放飞自制的航空模型，也放飞了他们的梦想。

短短5天，让焦龙终生难忘，因为它是如此美好而富有意义。"我有幸参加这次活动，与老师的大力支持和教练的耐心指导是分不开的。"焦龙这番谦逊的话语，仅仅说对了一半。另一半便是，这更离不开他自己的努力。

优秀的航空少年

在长沙市砂子塘小学就读时，受一位小伙伴的影响，焦龙经常跟这位小伙伴一同去长沙市贺龙体育馆饶有兴致地观看航模表演。在他眼里，那些飞机模型真是太奇妙了：除遥控飞机外，还有无线测向、探雷、手制与电动线型牵引飞机等。不过，现在的分类稍有不同，一般分手制、橡皮筋和遥控3种，遥控的最少。就当时遥控方面来看，湖南处于国内领先水平。

焦龙的爸爸见儿子的兴趣确实浓厚，觉得正好可以陶冶他的情操，于是，给他买来一架"小燕子"型号的模型飞机，将他送到著名教练刘老师处，开始了正规的航模训练。此后，又为他购置了"梦幻2000"、"梦幻2005"与"伏特-8"等模型飞机。这些模型飞机每架需要500多元，所用电池特别昂贵。小焦龙知道父母的不易，便学得格外认真，经常利用业余时间刻苦钻研航空模型技术，一有操作障碍便及时地向教练请教，努力提高自己的技术水平。

2001年10月，焦龙参加长沙市运动会航模竞赛的远程遥控比赛，获得个人第二名。2002年9月，雅礼中学举行了主题为"飞向北京"的航模表演，刚进初中的焦龙参加了比赛，获得不错的成绩。10月，焦龙参加湖南省中小学生"三模"（海陆空）比赛，获得远程遥控组个人第一名的好成绩。在这次比赛过程中，前两轮比赛焦龙一胜一负，与对手打了个平手。在第三轮比赛中做1分钟动力、3分钟滑翔的飞行动作时，凭着敏锐的感觉，焦龙以比对手准确18.25秒的成绩胜出，终于以一负二胜的好成绩在此次比赛中脱颖而出。正是因为此次比赛的崭露头角，学校航模活动遥控队的队员们一致推选他担任该队队长。

焦龙不仅对航空模型运动情有独钟，在航模表演上比较突出，其他综合素质也很不错。他光荣地加入了中国共产主义青年团，同时，还担任23班的体育委员。他工作认真负责、深入细致，班级的课间操、体育课和课外活动，他都能积极组织、协助老师做好每一件工作；对于那些达标有一定困难的同学，他总是耐心而认真地带领他们一遍又一遍地练习，直至他们合格为止。他的工作受到老师和同学们的一致好评和赞扬，曾多次被评为优秀干部。除此之外，焦龙还是学校舞蹈队的一员，他参与表演的大型民族舞蹈，获得了长沙市市级团体表演奖。说起这个，还有一段有趣的小插曲。那是在一堂音乐课快要下课时，焦龙被正欲离开的老师意外地看中，将舞蹈队原定人数增加一个名额，让他又多了一项本领。焦龙的学习成绩也十分优良，在班级开展学习"一帮一"的活动中，他主动请缨，与班上一位学习上有一定困难的同学结成对子。由于他的悉心帮助，这位同学的成绩有了很大的进步。2002年6月，焦龙被评为长沙市"三好学生"。

虎头虎脑的焦龙拥有一颗胸怀天下的心。就让我们以他在2003年12月22日雅礼中学升旗仪式上的讲话作为本文的结束语吧：

"我们青少年是祖国的未来，是国家的栋梁。我们现在最重要的是学好基础知识，以便将来为祖国出力。我相信，21世纪的蓝天属于我们，属于我们每个炎黄子孙。让我们一起努力，为雅礼争光，为湖南争光，为祖国争光！"

一语道破

胸怀天下的孩子必定会有出息。

遇见：2004年4月

后 续

为2011年湖南长沙市引进储备人才之一。

少年当有凌云志

骆绎（化名），男，1987年9月出生，原湖南省某县第一中学学生。骆绎曾获得全国初中奥林匹克竞赛数学一等奖、英语一等奖和物理二等奖。刚读完高中一年级，他便以优异的成绩考上西安某大学少年班，当时，他还未满14岁。

点·击·阅·读

2004年6月至9月，由湖南省长沙市教育局和市妇联联合组织的"'长沙市十佳优秀家长'成功家教报告会"在长沙市各区、县巡回举行。报告会上，一位人到中年的农村女性声情并茂的演讲多次被掌声打断，掌声中饱含着人们对这位朴实的农村女性发自内心的敬意。她在发言中多次提到自己引以为荣的大儿子。

聪慧又爱哭

1987年9月，骆绎出生于湖南省某县农村的一个既普通又特殊的家庭。当时，爸爸为现役军人，妈妈则为地地道道的农民。骆绎刚出生不久，正在某部服役的爸爸在一次执行任务时，因气体意外爆炸而中毒，被切除了一叶半肺和一根肋骨，成为二级乙等残废军人，不久便退役回乡。

因为爸爸身体不好，骆绎和弟弟多半由仅有初中水平的妈妈养育。骆绎从小就是个性格内向的孩子，还特别爱哭。1岁多时，在妈妈有意识的引导下，他喜欢上了听故事，常常缠着妈妈讲了一个又一个。妈妈劳动时，他会跟着去，要妈妈教他数数，下田插秧时数禾苗，种菜时则数菜苗，否则，他会一直哭个不停。妈妈发现他的这种特点后，非常高兴，便倾自己所学，来培养他爱学习的兴趣。骆绎没有进过幼儿园，刚满4岁就直接进入小学一年级就读。因为这时，他已经能进行几百以内的加减法口算，速度比很多大人还要快，同时，他还能写出一些常见的汉字，所以，学校破格录取了他。后来，骆绎在学校的数学成绩一直名列前茅。

接受洗礼

在妈妈的熏陶下，骆绎对学习产生了浓厚的兴趣，也从妈妈身上学到了尊老爱幼、讲究文明、忠诚老实等最起码的做人道理。由于爸爸有病在身，爷爷奶奶年迈体弱，家里的重活都落在妈妈身上。小小的骆绎看着心疼，便在心里发誓，要用自己"男子汉的身躯"来帮妈妈分担家庭的重担。每回家里有一点好吃的，骆绎就抢着送给爷爷奶奶和爸爸。他常常主动帮妈妈干活，小学四年级时，他就能自己做饭了。小学毕业时，生活全部可以自理，这时，他才10岁。有时候，乡亲们看着他一副懂事却不失天真的小大人样，都既心疼，又感动。

骆绎不但对家人如此，对同学也从小就富有爱心。读小学时，一位家庭条件比较困难的同学因患先天性心脏病无钱医治，学校组织了捐款活动。当时骆绎是班长，他跟妈妈讲明情况，说自己应该起带头作用，虽然家里状况也不好，但帮助比自己更困难的人是应该尽力去做的事情。妈妈听他讲得有道理，就爽快地去邻居家借来25元钱给他。

骆绎还想做个一言九鼎的人。这一想法，缘于一次跟着妈妈游览韶山毛泽东故居。在此之前，妈妈曾经对他和弟弟许诺："如果这次期末考试你们兄弟俩都能获得全年级第一名，第二天我就带你们去韶山。"考试成绩一出来，骆绎和弟弟的成绩果然都是全年级总分第一。兄弟俩兴奋极了，赶快把这个好消息告诉了妈妈。谁知，第二天下起了大雨，兄弟俩怕妈妈为难，便主动跟妈妈商量，可否下次再去。但是妈妈对他们说："我答应你们的事，一定要做到，即使下雨我也要带你们去。"妈妈坚定的神情，被骆绎看在眼里，他当时便决定，要像妈妈一样，做个一诺千金的人。骆绎有时候喜欢上网查查资料，打打游戏，但他怕自己沉湎其中，影响学习，便与妈妈约定，每次上网不超过一个小时。他说到做到，不像有的同学，家长不找来或钱不花光便不回家。在与同学的交往中，他也总是尽可能做到言出必行，有时候因为客观原因不能兑现诺言时，他就主动向同学认错，然后约定下次。这是很多年龄比他大的同学都很敬佩他的原因之一。

读完小学，10岁的骆绎被县实验中学录取。实验中学离家较远，必须寄读。一次回家度完周末后，骆绎磨磨蹭蹭地不肯回学校，原来，是同寝室几位家在城里的同学"欺负"他这个农村孩子。于是，妈妈送他回学校，又亲自将他和那几位同学找到一起来，和颜悦色地给他们讲道理，说同学之间不能有城乡之分，以后走向社会大家都会成才，仍然会成为好朋友、好同事，所以现在同学之间应该像兄弟一样，要互相帮助，等等。妈妈离开学校后，骆绎主动为这几位同学补习功课，慢慢地，他们也对这个"小弟弟"喜爱起来。从此，骆绎和同学们的关系越来越好，学校成了他可爱的家园。

骆绎学习特别刻苦。虽然有较好的天赋，但他一点儿也不骄傲。因为他明白，只有不停地努力，才不至于落后。由于在学习上毫不松懈，因此从小学到初中，他一直是全校屈指可数的尖子生。读初中二年级时，骆绎参加全国初中奥林匹克竞赛，分别获得数学一等奖、英语一等奖和物理二等奖。初中毕业时，湖南师范大学附属中学、国防科技大学附属中学和本县第一中学3所学校争相录取他。这时，骆绎的班主任调任本县第一中学教高一，他实在舍不得自己一手培养的好学生，就极力动员骆绎进入他所任教的"清华班"学习。骆绎不忘师恩，听从班主任的劝告，继续接受恩师的谆谆教诲。

加速成长

骆绎一天天成长，爸爸却一直在病魔的折磨下苦苦挣扎。骆绎只要一回到家，就给爸爸端水送药。他安慰妈妈说："妈妈，您别急，就算爸爸只有50%的治愈希望，只要我们一起努力，希望不就更大了吗？"2001年，爸爸的病情一天天恶化，3次手术都未能挽回他的生命。几天后，他带着沉重的负担和无限的眷恋，离开了这个家。在爸爸的追悼会上，刚刚进入高中一年级的骆绎泣不成声地念着由他自己撰写的祭文："爸爸的一生是光荣的一生，他是为党和人民的利益而牺牲的。我深深理解妈妈失去丈夫的痛苦，奶奶失去儿子的悲伤。作为他的儿子，我有义务完成他未竟的事业。我会永远记住爸爸临终时所说的话，一定认真学习，好好做人，对帮助过我的人，滴水之恩，当涌泉相报；对比我更困难的人，要伸出援助之手。"

从此，原本聪明的骆绎学习更用功了。就在爸爸去世3个月后，骆绎以特别优异的成绩考取了西安某大学少年班，成为县第一中学13年来第一个考上大学的高一学生。当时，骆绎并不太想去，他说，他更想考到清华大学去。在妈妈的开导下，他才告别家乡，背起行李，一个人踏上去西安的征途。在大学，他念的是六年制"本硕（本科与硕士的简称）连读班"。大学第二学期，他的英语就过了四级，同时，获得了3000元奖学金。骆绎不但书念得好，爱好也比较广泛，象棋、篮球、足球都是他所喜爱的。

每年暑假回家，骆绎一如既往地给奶奶洗脚，帮妈妈干农活，纯朴的性格丝毫未改。2004年8月底，在母校的新生入学典礼上，他应邀给校友们做了一次演讲，母校还打出长长的横幅来欢迎他。离家返校的前夜，骆绎跟妈妈说，他争取一边在大学学习，一边参加清华大学的研究生考试，一定要圆自己的清华梦，以便为祖国做出更大的贡献。骆绎的目光越来越远，这个小小的少年，他总是有备而来。是呀，机遇何时为难过有准备的人呢？

一语道破

是呀，机遇何时为难过有准备的人呢？

遇见：2004年10月

后 续

骆绎目前供职于某金融单位，同时在职读博。他说，人人需要努力，但不是每个人都能当数学家、科学家和企业家，大多数人都很普通，重要的是能正确认识这个世界的事物（不论积极或阴暗），并做一些对周围人和自己有意义的事情。

学英语，与快乐结伴而行

赵竹轩，女，1989年出生，毕业于湖北武昌铁四院中学。喜欢读书、看电影、弹钢琴和看球赛，会打乒乓球。自2001年开始，赵竹轩参加了全国中学生英语能力竞赛和中央电视台第五届"希望之星"英语风采大赛等英语比赛，多次获得一等奖等奖项。2003年2月，赵竹轩利用寒假时间撰写了一篇双语（中英文）教学论文，获得英语教学专家好评。2004年7月，当时尚在上初三的赵竹轩通过了大学英语六级考试。

点·击·阅·读

"给你介绍一位女孩，名叫赵竹轩。为了让同学们都能轻松地学习英语，这个13岁的女孩利用一个寒假，撰写了一篇长达3000字的双语教学论文。她的老师说，论文很有思想，老师们都争相传看，其中的很多建议被学校采用。"一天，远在武汉的朋友给我打来长途电话。电话中，朋友那连珠炮般的话语，使我对赵竹轩有了一个初步印象。随后，我通过各种途径与赵竹轩取得联系，跟这位快乐的女孩进行了一次长谈。

玩耍中自学英语，赢来双重快乐

赵竹轩学习英语是从小学三年级开始的。此前，她在妈妈的"逼迫"下学过2年钢琴。有一段时间，赵竹轩对钢琴失去了兴趣，不想再学了。看着赵竹轩整天愁眉苦脸的样子，妈妈便跟爸爸商量，将赵竹轩送到某英语培训中心学习。在学习班里，课堂上活跃的气氛正合赵竹轩的"胃口"。赵竹轩感觉这儿挺不错的，就坚持学习下去。但她家离培训中心太远，回去极不方便。半年后，她不得不中断了培训中心的学习。

虽然离开了培训中心，但赵竹轩对英语的学习兴趣依然浓厚。爸爸见了，便给她买来一些英语工具书和英汉对照版世界名著，以及其他相关光盘、磁带等有声读物。家里的电脑这时也派上了大用场。赵竹轩借助它，利用学习软件在家自学。赵竹轩最喜欢跟着光盘学习，觉得它的内容丰富、教法活泼，如果你答对一道题，系统就会竖起大拇指夸你：cute（真棒）！里面的英语歌也很动听，这从侧面刺激了赵竹轩学习英语的兴趣。赵竹轩认为这样与在学习班学习有很大不同，感觉随意而自由，非常好。

小学阶段课外时间较多，赵竹轩将学英语当成一件好玩的事来对待，坚持每天学点英语，从不间断。这样，进入初一时，她的英语已经有了不错的基础，加上英语老师的指导，她进步很快。然而，爸爸妈妈认为她不过是自个儿学着玩的，总担心她的发音不标准。

赵竹轩却一点儿也不在乎。她说："这有什么，我是跟着光盘一字一句地学的，难道光盘里的发音也不标准吗？再说，干吗考虑那么多呢？只要我自己感觉快乐就行。"2001年，在英语老师的支持下，赵竹轩参加了全国中学生英语能力竞赛，获初一组一等奖。

2002年9月，赵竹轩参加武汉市第四届青少年儿童英语口语大赛，获初一组一等奖。直到这时，总是担心赵竹轩口语过不了关的爸爸妈妈才长长地舒了一口气。

赵竹轩平时喜欢看英语杂志，觉得杂志上面的文章短小精悍，涉及的内容非常丰富，周末和假期则会看一些英文影碟，如《指环王》《哈利·波特》等。她也喜欢听一些英文歌曲，比如《Take Me Home Country Roads》《Moon River》《The Sound of Silence》等。她还上网学习英语。她从网上购买了美语杂志，有空就听一听。看书、看电影、听歌，玩的同时也学了英语，这让赵竹轩感到非常惬意。谈话时，赵竹轩一边跟我说话，一边"一心二用"，列出诸如《走遍美国》《洪恩环境英语》《圣经故事》《汤姆·索亚历险记》等有声读物及书籍名单。这些都是她自己使用得比较多的，她之所以列出来，是希望能对中学生朋友有点借鉴作用。

撰写论文，快乐随时拥有

平时，赵竹轩喜欢读书、看电影和看球赛，会打乒乓球，多次在市级报刊发表文章，曾经学过2年的钢琴现在也成了业余爱好。

赵竹轩的身体长得挺快，才14岁的她已经蹿到了165厘米。她的英语水平也和她的身体一样，"超速"增长。2003年10月，她获得第二届全国英语读后感写作大赛三等奖；11月，获第二届全国中小学生信息技术创新与实践活动自选项目"网络英语"竞赛活动武汉赛区一等奖；2004年3月，获中央电视台举办的第五届"希望之星"英语风采大赛初中组优秀奖。每一次赛前，赵竹轩并没有刻意去准备，但都能取得相当不错的成绩，这与她平时快乐、扎实的学习是分不开的。从她身上，可以看出平时的知识积累是多么重要。

初二第一个学期放寒假前，学校布置了假期创新实践作业。赵竹轩想到自己平时接触的同学（包括一些大学生）学英语的情况，总觉得存在一些误区，影响了学习效果。她认为在现行英语的学习与教学中，存在着一些需要改进的地方，比如英语抄写作业太多，听和说方面的训练太少；机械地背单词花的时间太多，在阅读中自然记忆和阅读量太少；上英语培训班的人多，自学的人少，且培训班的情况不一定令人满意。于是，她产生了写一篇英语教学论文的想法。

赵竹轩向一位大学的统计学教授请教，围绕中学生英语学习的现状、学习方式方法、教学方法、对教材的看法、上培训班的效果以及英语学习环境等，设计好调查表。接下来进行调查。在短短的十来天时间内，赵竹轩先后对13所中学的数百人进行了书面或电话问卷调查。然后，开始整理数据，撰写调研报告。"开学前几天，每天晚上我都要赶写调研报告，又要查资料，又要修改，总是忙到深夜还不肯去睡觉。咳，当时只是想，整个过程不正好又学习了一遍嘛，挺快乐的。"谈到自己的"得意之作"，赵竹轩眨了眨眼睛，调皮中不失谦虚。

开学后，这篇完整的双语（中英文对照）教学论文——《中学生英语学习的调查与思考》引起了学校老师的高度重视，其中的很多意见被老师应用到教学中。当地一些媒体对赵竹轩进行了相关报道，充分肯定了她的努力。

2004年7月，15岁的赵竹轩顺利地通过了大学英语六级考试。赵竹轩说这是水到渠成的事，平时学得好，考试才能过关。她说："学英语并不难，就像交朋友，要以不同的方式和途径去了解它，亲近它——当彼此成为朋友后，就再也不会陌生，快乐也随之而来。"

一语道破

"学英语并不难，就像交朋友，要以不同的方式和途径去了解它，亲近它——当彼此成为朋友后，就再也不会陌生，快乐也随之而来。"如果都这样去做，其他事也不难。

遇见：2004年12月

后续

大学就读于对外经济贸易大学英语学院，2015年本科毕业。2011年11月，赵竹轩获得"CIBN杯"首届全国大学生英语主持人大赛一等奖。2012年12月15日，获得第四届海峡两岸口译大赛大陆地区决赛二等奖。2014年6月，获得"中译杯"第三届全国口译大赛（英语）同传邀请赛和交传总决赛亚军。

"他是我的爸爸"

孙江波，男，1991年出生，湖南省隆回县人，6岁半开始照顾因车祸瘫痪的父亲，数年如一日，毫无怨言，感动了所有听过他故事的人。

点击阅读

1998年以前，如果问他，"美好"的代名词是什么？在他眼里，相敬如宾的父母和温馨的家就是。由于家庭条件好，他过着衣来伸手、饭来张口的生活，做梦也品不出痛苦是什么滋味。

1998年，做生意的父母改行，买来一辆二手小四轮车，载人载货。一个月下来，父母脸上的笑容证明，那些辛苦是值得的。

然而，一场意外的车祸就发生在买车后的第五个月。父亲因此脊髓损伤，从此除了双手及头部能活动，第六脊椎骨以下，全部瘫痪！

对他来说，对这个家来说，这无疑是晴天里的一声霹雳。一个家的支柱倒了，这个家还能撑下去吗？

母亲服侍了父亲一年。由于给父亲治病，家里积攒的数万元积蓄转眼空空如也，母亲肩上的债务越背越重。眼看情形越来越不妙，母亲无计可施，于是狠了心，离开了父亲。父亲跟母亲，从此恩爱不再。母亲出走，照顾父亲的重担一下便落在他柔嫩的肩上。

他叫孙江波，这一年，他才6岁半。

还有没有比这更艰难的

在孙家栖身的房子里，江波打来热水帮高位截瘫的父亲擦身，然后又熟练地给父亲按摩双腿。9年来，他就是这样日复一日、年复一年地做着同样的事情。当同龄的孩子享受着父母的疼爱，甚至因为一些细小的事情而对父母心生怨意时，他却独自陪伴在父亲的身边，悉心照顾高位瘫痪的父亲。江波说，在他10岁以前，由于父亲身子不能动弹，给父亲擦完胸腹部再去擦背部时，帮父亲翻身是让他感到特别为难的事。因为毕竟他才是个几岁的孩子，力量还不足以抱得动父亲的身体。最初的时候，江波那患有严重肺结核和支气管炎的爷爷还能和小江波一起，吃力地抬起爸爸的身子（爷爷后来根本帮不上他的忙了，奶奶也患有多年的关节炎，后来都不能下地干活了）。小江波记着爷爷教他的话，有序地用合适的力量为爸爸擦身子。有时爷爷不在，江波便去喊邻居帮忙。邻居也喊不到时，他就自己"霸蛮"（注："霸蛮"，湖南方言，"强行"的意思。）对付，父亲也双手用力，父子俩费尽九牛二虎之力，父亲的身子才能翻过去。每一次帮父亲擦完身子，江波全身都被汗水浸透。

我问江波，服侍父亲时，还有没有比这更艰难的？江波摇头。这时，一旁的班主任开口了。她说："他现在可能有些习惯了，但是我想很多大人都做不到。"然后向我详述，说江波每隔一个月，就要为父亲换一次导尿管；每隔两三天，就要用手为父亲抠一次大便。哪个小孩愿意去做这些？江波听了，说："第一次这样做时，确实太难受了，我都吐了。但是后来慢慢适应了。再说，父亲身子不能动，我不照顾好他，他要是难受，我心里会好过吗？"

感动之余，我不禁感到有些好奇，便问江波，难道这么多年，你几年如一日，只想到付出自己的爱，却从来没有什么怨言吗？江波平静地回答我的疑问：不会。我能理解江波口中这两个字的含义，它包含了多少亲情、人道和爱！虽然理解，但我还是忍不住追问他，为什么不会，我想听他亲自讲述他这么付出的缘由。

面对我的追问，江波只简短地说了句："因为他是我的爸爸。"

从此很少流泪

时间慢慢过去，童年小江波长成了少年江波。无论童年或是少年，我们可能都还在父母身边撒娇吧？可是，江波稚嫩的双肩，却承受了如此重担。我落泪的时候，眼中接连闪现出几幅支离而对比鲜明的画面：

其中一幅，是他的母亲绝尘而去的背影，江波哭着说"妈妈，只要你现在好好照顾爸爸，你老了以后，我会很好地孝敬你"。可是，这样的话依然没能留住她。真的，我们谁也没有权利去责难她。可是，让我不解的是，她怎么忍心看着自己不谙世事的儿子承担着一个大人都难以承担的责任？她想过孩子的无助吗？想过孩子在深夜里因为想念她而多次哭醒的模样吗？

另一幅，是由很多镜头组合而成的画面。画面上，从没做过家务活的江波，第一次做饭，将生米变成了煳煳的夹生饭；第一次给父亲导尿，手忙脚乱地半天才将导尿管插好；第一次给父亲擦洗身子，使出了吃奶的力气，大汗淋漓；第一次戴着手套，帮下半身毫无知觉的父亲排大便，跑出去呕吐了好几次……

这些画面在我眼前交替出现，我不知还有什么样的词汇能够刻画我那一刻的心情。感动？悲伤？难过？或许都有。

由于长期卧床，缺少运动，父亲患上了肾结石、膀胱结石，身上生了褥疮……雪上加霜的情形让江波的心情越来越沉重。失去母爱的他，已经只有父亲可以相守。哪怕父亲不能动弹，有父亲在，才有这个家的存在啊！以前，江波在照顾父亲的同时，还能去学校听上几节课。当时，江波在家乡的乡村小学和中学就读，成绩一直处于班里中上等水平。可是当父亲的病情越来越严重时，江波已经无心学习了。他说，如果让他选择读书和给父亲治病，他会毫不犹豫地选择后者。后来，在一些媒体和好心人的帮助下，江波陪同父亲辗转于邵阳、长沙的医院，为父亲治病。2006年上学期，上初一的江波去学校的时间，总共不到一个月。但是，令人欣慰的是，父亲的尿道结石和褥疮总算是治好了！心里石头落地的江波这才带着父亲，转到县城桃花坪中学继续自己的学业。江波每天6点不到就起床，帮父亲擦洗，准备早餐，然后去学校。中午又匆匆往家里赶，为父亲按摩，倒尿，然后做饭。吃完饭，赶到学校刚坐下，上课铃就响了。傍晚，将父亲的一切安排妥当后，他才刻苦攻读，一直到深夜。在老师眼中，这个学期，江波的进步很明显。老师说，在当地这样一所教学水平相对而言比较好的中学里，江波能取得这样的成绩，出乎所有人的预料。

孙江波说，他和父亲得到了很多人的帮助。学校、老师和同学对他给予了格外的关照，为他全免学费，解除了他的后顾之忧；湖南的几家电视台热心地帮他们联系可以免费为父亲治病的医院；还有人给他寄钱，为他买书，希望他好好读书……

但是依然让江波一筹莫展的是，他们家没有一点儿生活来源，父亲的病不能断药，还有，他既要照顾父亲，更要读书……

孙江波告诉我，他有一次去找舅舅借钱给父亲治病，却空手而归。就是这次，父亲对这个世界充满了绝望，便采取极端手段，想永远离开这个让他身心痛苦的世界。所幸，在外劳动回来的江波发现了父亲的举动。他抱着手腕血流如注的父亲，哭着求父亲："爸爸，不管怎样，你都不要离开我。只要你在，我就有依靠。爸爸，你怎么也要狠心抛下我不管呢？"父子俩抱在一起，哭成一团。

从此以后，孙江波很少流泪。他知道，他才是父亲的精神支柱，他才是这个家里顶天立地的男子汉。生活的磨砺，使他过早地变得成熟起来。他把一切的一切，都看成自己肩上必扛的责任。他希望自己能和父亲一道，坚强地活下去。

孙江波，这个在大家眼中虽然平凡，却让人油然而生敬意的孝子，这个顽强的、不屈从命运安排的少年，我们不妨向他伸一下手，为他的茁壮成长添一把力吧！

一语道破

在爱面前，一切语言已是苍白。

遇见：2007年2月

后续

孙江波自力更生，在家乡县城办了家汽车服务会所。仍然一如既往地照顾爸爸。2016年1月，孙爸爸找到了我，说，希望捐献器官，回报所有帮助过他们的好人。这一决定，得到了儿子孙江波的同意。

补充：孙江波当年的讲述

和父亲相依为命的日子

5点半起床，洗脸，淘米做饭；趁着等待饭熟的时间，到阳台就着昏暗的灯光晨读20分钟；择菜，炒菜；叫醒爸爸，帮助他排泄新陈代谢的废物；洗漱，盛饭，看着爸爸慢慢咽下一碗饭，然后飞快地扒碗饭，匆匆走下5楼往学校赶；7点半，准时赶到教室，向先来的同学请教英语单词；上完4节课，急忙去菜市场买菜，路上先盘算好怎样才能够少花钱又可以让爸爸吃得有营养，然后回家做饭；陪爸爸吃饭，帮爸爸翻身、按摩；下午5点放学，回家，先帮助爸爸排泄，再洗衣服，擦地，做饭，给爸爸按摩；晚上8点到10点看书、做作业。

这样的生活是枯燥、紧张、缺少活力的。如今，15岁的我已经能够含笑面对它，因为我知道，自己已经成长为一个大人，一个必须帮爸爸撑起头顶那片蓝天的男子汉。

1998年12月23日，一个黑色的日子，一场意外击碎了我原本美满的家。那天，开车跑客运的爸爸倒车时，不慎翻下一道高坎，被确诊为终身高位瘫痪。6岁的我，根本想不到我幸福的童年生活从这一天起，已经画上了句号，我还以为爸爸会好起来，像从前那样给我买好玩的玩具和好看的故事书……

短短几个月的时间，家里的积蓄化为乌有，跟着债台高筑。1999年春天，妈妈南下广州打工，7岁不到的我开始了一边求学、一边照顾爸爸的生活。开始的时候，我常常在夜里委屈地哭泣，爸爸总是陪着伤心的我流泪。

爸爸靠药物维持的身体十分虚弱，经常感冒、发烧，妈妈寄回的那点钱根本不够爸爸治病，爸爸总是躺在床上叹气。那些灰暗的日子里，眼泪常常是我和爸爸的家常便饭。

随着时间的推移，爸爸的身体没有好转，妈妈却渐渐地疏远了我和爸爸。爸爸曾经3次自杀，幸亏每次都让我及时发现了。但这3次未遂的自杀，却把我和爸爸的心紧紧地连在了一起，我们都变得坚强起来，因为我们知道：不管命运设置了多少苦难与坎坷，我们都会相互搀扶着走下去。

最近几年，爸爸多次犯病，尤其是去年春天，他的肾结石、膀胱结石发作，我差一点儿就失去了这个最亲的人。幸亏有很多好心人伸出援手，爸爸才得以到省城医院做手术，我才得以不失去父亲。

如今，15岁的我已经懂得父亲是世界上最珍贵的财富。也许在某个并不遥远的瞬间，我会永远地失去父爱，因此，我会更好地珍惜和父亲相守的每一天。每天看到父亲一口口地吃饭，我心里有一种说不出的欢喜，因为我知道自己拥有父亲，拥有父爱。我知道爸爸孤独地躺在床上跟寂寞与病痛做斗争的痛苦，便总是尽量多陪爸爸说说话，为他孤独的生活增添些许阳光。父亲更是把全部希望寄托在我的身上，每当我失望时，他总是忍着病痛耐心地开导我，他那慈爱的目光抚平了我心上的伤痕；每当我伤心时，他总是递给我一张纸巾，亲切地说："孩子，把所有的伤心和委屈都哭出来吧，哭出来就好了……"

9年来，我和爸爸相依为命。他虽然不能像别人的爸爸那样拥抱我，但他用同样深沉的父爱关心着我，爱护着我。父亲教导我，要人穷志不穷，在最艰难的时候，更要保持清醒的头脑；他教导我要懂得感恩，无论是生活的磨难，还是好心人的援手，都要永远记住；他教导我要学会坚强，笑对生活，笑对困难……

　　我们已经走过了最艰难的9年。我相信，我们一定能够走过第二个9年，第三个9年……无论多久，无论多艰难，我都要陪着父亲，把命运斟给他的这杯苦酒，慢慢地，慢慢地喝甜。

"妈妈是孩子，我是大人"

陶星，男，1990年生于湖南省岳阳县，父亲早逝，14岁的他开始一边读书，一边照顾患羊痫风、智力仅相当于婴儿的母亲，和比自己大3岁的姐姐承担起家庭重任。

点击阅读

2007年3月的一天中午，风裹着细雨，袭得人身上一阵阵发冷。此刻，湖南省岳阳县第三中学的陶星向正要赶去吃饭的团委书记廖老师跑来，焦急地问："廖老师，您看见我妈妈了吗？"

廖老师从来没有见过陶星这么失魂落魄的样子。平时，作为志愿者的一员，陶星和学校里其他志愿者一样，充满阳光与活力，总是积极参与一切扶贫帮困活动，捐款捐物，没有半句怨言。可是此刻，他全身被雨浇透，雨水和着汗水、泪水在他脸上流淌，使他显得如此焦急与无助。廖老师慌了，赶紧询问陶星怎么了，到底发生了什么事情。可是陶星见廖老师并不知道自己母亲的去处，便勉强挤出一丝笑容，掉头便想离去。廖老师放心不下，便顾不上吃饭，将雨伞遮在陶星头上，和他一起往前走。

雨越下越大。走了五六百米时，两人发现有个女人倒在雨地里。由于身体很胖，泥地很滑，她爬了几次都没能爬起来，急得手脚乱划，"啊啊"地叫个不停。她，正是陶星的母亲！望着满头满脸沾着泥浆、在地上痛苦挣扎的母亲，陶星猛扑过去，将她搂起来，连声说："妈妈，我们回家，我们回家……"

这一切，让廖老师震惊不已。她怎么也没想到，她带领的、可爱而富有朝气的志愿者，自己身上却发生着如此辛酸的事情！她迫切地想要了解，陶星的身上究竟发生着怎样让人动情的故事呢？

童年：贫寒让他懂事

陶星的父亲陶荣初是一个孤儿。命运多舛的他在岳阳县新开中学当工友时，娶了平江县的聋哑人王佳良。婚后，他们有了女儿陶平和儿子陶星。

贫寒一直笼罩着这个家庭。王佳良不但不能听、不能说，还曾经在陶星小的时候因为发病而摔倒，左手撑在滚烫的饭锅里，最后只剩下一个手指完好。更为雪上加霜的是，有一次，她因为受到刺激而突然得了羊痫风。一个弱小的女人，如此苦命无助；一个单薄的家庭，如此饱经风霜！

但陶荣初毫无怨言。他超负荷地承受着这一切。为了给妻子治病，他承包了学校附近无人耕种的五亩烂田，工作之余都在田里打理。家里没养耕牛，又没钱租人家的牛，他就一锄一锄地挖，以最原始的耕作方式来换取自己希望的果实。

小小的陶星和姐姐陶平将这一切全看在眼里。他们遗传了父亲的倔强因子。陶星知道自己家里清贫，便很少像别的孩子那样跟父母撒娇，因为他懂得，母亲自己都要靠父亲照顾，哪里能像别人家的母亲一样，以具体的方式来正常地表达情感，来疼他爱他呢？父亲就更不用说了，每天的劳作已经让他喘不过气来，自己还怎么忍心再去给父亲增添烦恼呢？所以，懂事的他跟着姐姐自觉地干活，一起帮着父亲照顾母亲，希望父亲肩上的担子能轻一点，再轻一点。

少年：残缺让他坚强

2004年，厄运再一次降临到陶星家。由于没日没夜地操劳，加上思想负担过重，陶荣初病倒了，经检查，是患了胃癌。对这个原本就已经风雨飘摇的家来说，无疑是祸不单行，雪上加霜！这年10月，带着痛苦、心酸和牵挂，陶荣初离开了这个世界，这个家顿时变得残缺不全！当初病情确诊时，泪流满面的陶荣初握着两个孩子的手，用微弱的声音交代："如果我活不下来的话，你们要坚强地活下去，特别是要照顾好你妈，不能嫌弃她……"

父亲病重时，姐姐陶平在岳阳县第二中学读高三，学习上的压力很大，弟弟陶星则在新开中学读初二，相对而言，压力小一点儿。懂事的陶星为了让姐姐安心地迎接高考，每天清晨就赶到镇上，乘十几分钟的车去城里的医院，为父亲送茶喂饭，然后将帮父亲换下的衣服洗干晾好。做好这一切，陶星才赶到学校去上课。父亲临终前已讲不出话来，只能简单地打手势。他的目光艰难地扫过一双儿女，最终停在一旁不知道用哭或笑来表达感情的母亲身上。从父亲简单的比画和他的眼神中，姐弟俩明白，父亲除了放心不下稚嫩的他们，最放心不下的，还是他们那苦命的母亲啊！望着弥留的父亲，姐弟俩郑重地轻轻点头，给父亲也给他们自己许下了一个无须用言语表达的庄严承诺：一定照顾好母亲。这一年，姐姐只有17岁，而弟弟，刚满14岁。

反哺：孝心动地惊天

父亲走了，这个家却不能支离破碎，还得继续支撑下去。毫无疑问，精神失常、不能听说、生活不能自理的母亲不但不能帮助姐弟俩减轻身上背着的几万块债务，还需要他们每时每刻地注意她的动向，否则，一不留神，她就会消失在他们的视野中。就在我就陶星的事迹采访岳阳县三中副校长等老师时，陶星的母亲又离家出走了，正忙着为母亲准备午餐的陶星不得不丢下手中的活儿，在邻居的帮助下去寻找母亲……大家赶到离家几里外的地方，看到了正和儿子僵持着不肯回家的陶母。原来，她想去追寻女儿，因为她看到女儿春节后是从这个方向去远方的——她想念在外打工的女儿啊！

姐姐走后，陶星自然地接下了独自照顾母亲的接力棒，坚强地挑起这副反哺重担。他明白，这个家需要他和姐姐共同来撑起，而他，必须像个男子汉，扼住命运的咽喉！

照顾母亲是一件很艰难的事情。不仅要时时刻刻地提防她出走，还要防止她因为她的智力偏低，出现意外。陶星却一点儿也不畏缩，他提前长大了。他能接受母亲的一切举动。母亲发病时会重重地捶他，他不躲闪，让母亲发泄，他说母亲有苦痛需要排解；母亲闹情绪不肯吃饭时，他就一口一口地喂她；母亲的羊痫风随时都会发作，有时甚至在半夜发病，全身抽搐，不省人事，陶星就陪着母亲睡，一直守在母亲身边；母亲左手曾被烫残，生活难以自理，陶星就一直坚持给母亲洗澡；母亲离家出走时，他会丢下手中的一切去寻找；陶星甚至每个月都记得按时给母亲准备好卫生巾，在母亲来月经时，他会去帮她及时地更换卫生巾……在陶星眼里，妈妈并不是"妈妈"。"妈妈是个孩子，我是大人。"陶星这样说。

可是这毕竟只是一个年仅17岁的孩子！难道他就从没有过怨言吗？陶星的班主任张老师告诉我，其实早在两个月前，他就知道了陶星的情况。但是向来乐观的陶星，却请求老师一定要为他保密，不要把它透露出去。他说，他是一名志愿者，必须以阳光的形象跟大家交流，他不能因为这件事而被人用别样的眼光看待。他不想烦劳大家，因为大家都是农村的孩子，家境都不好，他觉得自己能够挑起一切重担……张老师含着眼泪答应了他，只是在安排活动时，有意地尽可能不安排他去，让他有更多的时间去学习，去照顾母亲。

陶星认为照顾母亲是天经地义的事。他说母亲虽然如同小孩，看起来什么都不懂，但她生了我，对我来说就是大恩大德，我终生难忘。他说母亲虽然不能用言语表达自己的情感，但我知道，她是爱我的。她可能不记得其他人，但她会记得我们姐弟俩，哪怕别人给她一个苹果，她也会切一半留给我。

母亲承受的苦难太重了！陶星默默地为母亲付出，只求能让母亲少受一些磨难。他只盼患病近20年、如今已遍体鳞伤的母亲能治好病，不再一次次地摔得头破血流……

陶星并不是忧郁地面对这一切，他是坚强的，也是乐观的。他说："艰辛是我的一笔财富。我活在世上，就应该开心快乐。快乐地过是一天，忧愁地过也是一天，而快乐能帮我减压，所以我坚持快乐地过好每一天。"他不折不挠、乐观地面对一切艰难困苦的精神感染了很多同学。在他们眼中，陶星就是一颗闪闪发光的星星。他的身上，写着"坚强、乐观、孝道、勤俭、纯良……"的字样。如果要评选感动中国的人物，我想，不只是我，你也会毫不犹豫地为陶星投上一票!

一语道破

　　一个为爸爸，一个为妈妈。陶星与孙江波，了不起!

遇见：2007年6月

后 续

　　2013年9月，陶星应邀为某卫视《天下父母》节目担任嘉宾，感动了不少观众。他长大了，成年了，个子变得更高，样貌变得更成熟。不曾改变的，是那颗感人的孝心。

　　临近高考时，陶星的母亲意外溺水去世，他很伤心，因此高考失利，他万分沮丧，只好进入职院就读，他觉得对不起父母，更对不起为他辍学的姐姐。读职院3个月后，他参军入伍，一年后，如愿考取了军校。军校毕业后，成为武警天津总队的一名武警，至今在为保家卫国做出努力。

　　"做一名合格的军人。"这是他不久前跟我在微信上交流时表达的意愿。

爱的奉献，看他们走来

肖敬，男，曾就读于湖南省醴陵市一中，致力于探究青少年自杀干预和关爱生命。上初二时开始关注青少年犯罪；高一时关注理想信念危机，着意打造中国青少年情感交流互动互助平台；高二时组织"关爱生命万里行"活动小组暨首届"茉莉花"论坛，主题为"自杀干预，拯救生命"。目前，活动已在北京等多个城市建立联系点。

点 击 阅 读

2006年5月2日至3日，首届"茉莉花论坛"在湖南省醴陵市第一中学召开。在5月2日的主题论坛上，应论坛组委会邀请，我以青年作家、青少年问题研究专家、"关爱生命万里行"顾问的身份成为此次论坛特邀演讲嘉宾，被论坛安排在第一位，做了《抢救灵魂比抢救生命更迫切》的主题演讲。随后，湖南省醴陵市第一中学汪校长、中国国际战略研究专家巩胜利、教育部中小学心理健康教育委员会理事杨彦平、北京理工大学胡星斗等专家先后发表主题演讲。全国人大常委、国家总督学顾问、中国国际教育交流协会会长柳斌通过电话对论坛表示祝贺与期待。

这是个纯粹的由学生自己发起成立的民间组织。参加此次主题论坛，我亲眼见证了论坛发起者肖敬和他的伙伴们所付出的点点滴滴，他们忙碌的身影成为此次论坛上一道最富有青春活力的亮丽风景。会后，我对肖敬等同学做了全程跟踪采访，记录下几年来他和伙伴们的执着追求与无私奉献。

"春谱筹建联盟"，为理想放歌

上初二时，一位同学因为与社会上的不法青年交往，最终出事被捕。这件事让肖敬深感震惊，他想这绝对不是个别现象，像那位同学一样，不知法不懂法，甚至违法的大有人在，他希望自己能为此做点什么。几天后，一个由肖敬和几位志同道合的同学组建的关注青少年犯罪的组织"春谱筹建联盟"诞生了。他们不定期地在学校举办一些普法活动，很多同学自愿加入"春谱筹建联盟"。在活动小组的劝说下，几位因受到挫折而辍学的同学重新回校就读。

此时，活动的目标还不是很明显。初三时，他们举行了"崇尚科学 告别愚昧"的全校签名活动。高一时，活动提出了打造中国青少年情感交流互动互助平台，倡导互敬、互爱、互学、互助、互让、互谅、互慰、互勉的生存理念，关注理想信念危机。一年后，成员从一班发展到多班，从一校发展到多校，开展的活动也更为频繁，逐渐辐射到校外，引起了社会上各界人士的高度重视。

"关爱生命万里行"，为生命喝彩

2003年，正在醴陵市一中读高二的肖敬看到一则消息：中国人民大学大二某男生跳楼身亡。有着大好前程的大学生，为何要放弃生命？肖敬上网查阅资料，下载了一组让人触目惊心的数据。数据反映了青少年自杀是个不容忽视的问题，拯救有自杀倾向的青少年已经刻不容缓。于是，他下定决心，一定要找出一个防治青少年自杀的有效措施和途径。

这年9月10日为世界预防自杀日，活动小组将"春谱筹建联盟"更名为"关爱生命万里行"活动小组，开始关注青少年自杀现象。至此，活动的目标已经十分明确。从此，在繁忙的高中学习之余，肖敬又给自己增加了一项艰巨的任务。他从报纸、杂志、网络上四处搜集相关案例，广泛阅读心理学书籍。他发现，容易引发青少年自杀的因素有理想信仰危机、情感危机、考试升学压力、抑郁症、亚健康等。为此，他先后在学校组织了20多次情景剧、主题演讲、辩论赛、讨论会等各种形式的活动，让大家认识到生命的珍贵和生活的可爱。2004年暑假期间，肖敬自费前往北京、武汉、长沙等地，拜访了北京大学、清华大学、北京师范大学、武汉大学等高校的十几位心理学和教育学方面的专家学者，向他们请教关于防治青少年自杀的经验和策略。这些专家学者都对素不相识的肖敬非常欢迎，对他开展的工作给予了大力支持和悉心指导。北师大心理学院教授、国际心联副主席张厚灿还欣然为"关爱生命万里行"活动题词："珍惜生命，关爱健康，共享七彩人生。"海南省海口市第一中学校长在得知这一活动后，主动与肖敬联系，要求将该校作为活动联系点。在肖敬和同学们的努力下，"关爱生命万里行"活动已在新疆、甘肃、四川、海南等地设立了联系点。

在肖敬建立的网站上，有一段这样的介绍："关爱生命万里行"活动是由学生启动、社会不同人士参与、以"关爱生命，呵护心灵"为口号、以关注青少年自杀问题为切入点、以共建中国人道长廊为目的、由专家学者和社会名流担任顾问、遍及中国数个省市的人道主义性质的志愿者活动。

"茉莉花论坛"，为青春击节

两年来，醉心于自杀干预研究的肖敬，已经成功地说服10余人放弃自杀念头。在发起"关爱生命万里行"活动的同时，他和同学们一道，筹划举办了中国第一个以青少年自杀防治为主题的"茉莉花论坛"。2006年5月2日，"茉莉花论坛"在醴陵市一中隆重举行，时任国务院总理温家宝对关爱生命活动给予充分肯定，国家原教育部总督学顾问柳斌电话致辞，数十名海内外著名专家、学者成为活动顾问与志愿者，数千名高中生和大学生及社会人士成为活动成员；中国教育电视台、博客中国网等数十家媒体对此次论坛予以报道。

肖敬说，关爱生命、进行青少年自杀干预并不仅仅是靠他们这些高中生就能达到良好成效的事情，必须唤醒全社会的关爱意识，与社会各界人士一道共建中国人道长廊，成为构建社会主义和谐社会的积极力量。"茉莉花论坛"即将与北京心理危机研究与干预中心达成互动，同时在全国建立联系点或救助站，关注关爱高危人群，为其建立社会支持网络，借此考问物化的灵魂，珍惜可贵的生命。

我在采访中提到，几年来坚持进行这项影响越来越大的民间活动，可想而知，遇到的困难一定会很多。肖敬听了，淡然一笑，说："关于学习，我一直很内疚。我一直说，如果学习不好，那不是受活动的影响，而是我能力不够的问题。一个有能力的人，一定会协调好各方力量，办好他想办的各种事情。我想，学习和信念都是终身的事情，不管是学校教育还是非学校教育。一个人能够坚持做一件事情，也是非常非常重要的。这是当代人可能缺少的精神。"

　　肖敬的笔名叫"春谱"，"春"即青春年少，"谱"为谱写，肖敬说，取这个名字，他只是希望自己在年轻的时候谱写最华美的篇章。

一语道破

　　人无贵贱，花无好坏。唯有爱，是完美无瑕。

遇见：2006年6月

后　续

　　"茉莉花论坛"至今仍在举行，每年一次。肖敬仍然在从事着他所热爱的关爱生命活动，这，已经成为他的事业。

只像自己的谢晔晨

谢晔晨，女，生于1990年，浙江省杭州市人，兴趣广泛，琴棋书画均有涉猎，参加过很多比赛，曾获第九届全国"华罗庚金杯"少年数学邀请赛决赛等各种奖项几十次。她的座右铭：自己就是自己，像谁还不如像自己。

点击阅读

"一唱歌，我就会兴奋，如同跳舞般快乐。""女儿是妈妈一生的赌注，什么都押上。反正是没有第二次机会的。""同学们说，我最大的优势是心态好。"谢晔晨毫不掩饰对唱歌、对妈妈的爱，和对自己的肯定，我喜欢。

对 话

尘衣：晔晨你好。我发现，你是个很开朗的孩子，因为你那么喜欢笑。看，笑的时候脸上还有两个小酒窝，很可爱。

谢晔晨（很大方地笑）：有同学说我像湖南电视台《快乐大本营》节目原来的主持人李湘，我自己可没这个感觉。我就是我，像谁还不如像我自己呢。呵呵。

尘衣：有个性！听说你喜欢的东西有很多，喜欢写作，喜欢音乐，喜欢画画和书法……

谢晔晨：是的。我喜欢看书，喜欢文学。写作除了课堂所学，没有经过刻意的培养，因为喜欢，就去写。写了，感觉好了，就去比赛，结果就得奖了。对于音乐也仅仅是因为喜欢，喜欢唱歌，喜欢弹拨古筝。喜欢画画，喜欢毛笔书法。钢笔字也努力写得好一点儿。呵呵，琴棋书画都喜欢玩一玩，差不多有一半是"自学成才"。呃，开玩笑啦。

我喜欢音乐，出奇地喜欢，从古典到现代、从民乐到海外的都喜爱。不知道为什么，一唱歌，我就会兴奋，如同跳舞般快乐。可是进入初中后，由于时间不充裕，我与我的爱筝都快由一对知心朋友变成"熟悉的陌生人"了（笑）。所以，我常后悔，早知道初中的时间如此稀少，为什么小学时不好好利用呢？

尘衣：你的兴趣确实是挺广泛的。涉猎这么多，你怎么将它们之间的关系处理得更好呢？因为一个人的时间毕竟有限。

谢晔晨：我希望我不是泛泛而爱。刚才说到的那些爱好，我也参加过一些大大小小的比赛，拿过大大小小的相关奖项。我学习古筝一年时间，现在已经考完四级。

尘衣：我知道，你还有一个目前表现最好的，就是你的"奥数"，参加过第九届全国"华罗庚金杯"少年数学邀请赛的决赛，是吗？

谢晔晨：是的。

尘衣：你从什么时候开始学习"奥数"的，刚开始学习时喜欢它吗？

谢晔晨：说到对"奥数"的兴趣，那话可就多了。我从小学一年级就开始学习"奥数"，直到现在上初二，仍然没有放弃。因为我妈妈是一位数学老师，相对来说，对我会有一些要求。刚开始学习的时候，我并不喜欢它。说句实话，我当时对它其实是"痛恨到了极点"，认为它是累赘，因为它挡住了我的自由之路。可能是不够重视的原因，所以平时的测试成绩一直平平，一直与其他和我一样没接触"奥数"的同学没什么不同。

后来对"奥数"改变印象，是上小学四年级的时候。那一年，学校举行了第一次"奥数"竞赛，不知是瞎猫碰上了死耗子，还是瞎耗子碰上了死猫，让我冒冒失失得了个一等奖。那一次纯属巧合的成功，让我对"奥数"有了新的认识，对它有了自信，也对它产生了兴趣。所以，我想，我对它的兴趣，源于那次小小的成功。

尘衣：看样子你是需要一些鞭策的，很多人都是这样。

谢晔晨：呵呵，可能是吧。从那以后，我感觉自己真的喜欢上了"奥数"。我这个人，最喜欢干有挑战性的事情。而"奥数"，常常充满了挑战。每一道新型的"奥数"题，对我来说，就是一次挑战。每当我迎难而上，战胜挑战，我就会很高兴。有一回，一道"牛吃草问题"的竞赛题，既有牛的数量变化，又有草的数量变化，我从傍晚回家，一直想到晚上10点多，还是没有结果。这时候，我的倔脾气上来了。我就不相信我攻不下来。要是这次不攻下来，就会还有下次，有下下次……那我还怎么面对将来的挑战？后来，快晚上11点时，我终于将那道题目解答出来。当时，心里的喜悦真的无法用语言形容。我高兴，妈妈也为我高兴。

尘衣：嘿，还是有成果嘛。妈妈也一直陪你到这么晚，可见，为了你的成长，她付出了不少。

谢晔晨：是呀，为了我能好好地学习"奥数"，特别是参加比赛前，妈妈经常陪我挑灯夜战，真的比我还辛苦。妈妈很希望我能有出息，不论我在哪方面，获得了什么样的成功，哪怕再微不足道的成功，她也会比我自己还高兴。平时她的工作挺忙，只有双休日才能抽出时间来陪我，给我洗衣做饭，辅导难题，又做保姆又做陪练，忙得不亦乐乎。女儿是妈妈一生的赌注，什么都押上。反正是没有第二次机会的。

尘衣：父母的爱就体现在这些细微的事情里，只是，我们要用心才能发现。刚才说到比赛，就你参加过那么多比赛的经验来说，你平时的心态与赛前、赛时的心态有什么不同，你有哪些锻炼、磨砺心理素质的好方法？

谢晔晨：我平时要学的东西很多，要上语文、数学、英语、自然科学的校外辅导课，还有好多别的事情要做，所以很忙。因为忙，除了上竞赛集训课，完成老师布置的一些习题，平时不怎么看书做题，有空的时候，特别是考前，会整理错题。整理错题的时候，会发现自己其实老是在一个地方绊倒。很多错误，类型大同小异。所以整理过后，在竞赛中，可以避免出现同样的错误。

考试时，说不紧张，其实也有点儿自欺欺人。有时候也会紧张，甚至会觉得很紧张。我看书上的专家说，考试时，适度的紧张还是需要的，太放松也不好。不过，如果真的太紧张，我就停一会儿，先不答题，深呼吸，调整一下情绪，再答题。答题的时候，喜欢一题一题往下解，不喜欢像有些同学那样先通览一遍。全都看一遍的时候，如果遇见太难的题，会弄得自己很紧张，情绪稳定不下来，会影响正常的发挥的。

尘衣：你认为自己的长处或优势主要体现在哪些方面？

谢晔晨：同学们说，我最大的优势是心态好。平时参加数学竞赛的集训，我的成绩都不怎么冒尖，可一到正式比赛，常常会出乎意料地好。一般我都是抱着平常心，想着能得奖最好，没得奖也没关系。这样，在面对考卷的时候，心里很轻松，就能正常发挥，有时，甚至能超常发挥，比平时训练时做得还好。不过我也有过轻敌的时候，有一次参加竞赛没拿到一等奖就是例子（笑）。

尘衣：你还小，还有很多机会，不过，前车之鉴也不可忽视（笑）。

谢晔晨：谢谢！

访问侧记

谢晔晨实在很忙，平时早晨6点多睁开眼，一直要到晚上过了10点才能躺到床上。双休日，除了参加"奥数"培训，还要参加语文、数学、英语、自然科学的校外辅导课。唉，真是忙得不可开交。

谢晔晨这个女孩，平时比较静，表现也不是很突出，但到竞赛的时候，却常常会拿到让老师都感到震惊的好成绩。

进入初中以后，谢晔晨的那架古筝被放在墙角，真像一条搁浅的船。一船的灰尘。时光流逝的痕迹，如此透明。见我去，谢晔晨把尘掸了，调好弦，戴上指套，拨了几声张若虚的《春江花月夜》。古筝的音色很悠远。我喜欢一切悠远的声音，包括箫、埙，或者萨克斯管，仿佛一种旷远的心境。谢晔晨的妈妈也在，和谢晔晨出奇地像，仿佛一个少年版的，一个中年版的。我特地拍了她们的合照，母女同貌、同心，共同打拼一个未来。这是可敬的。

谢晔晨还小，前面还有很长的路要走。所以，我祝福她，一路走好。

一语道破

> 只像自己，你就是唯一。

遇见：2006年4月

后续

　　2008年4月，谢晔晨被评为杭州高级中学2007年度校级优秀团员。2010年考入浙江工商大学旅游与城市管理学院，担任该校青年志愿者服务队新闻编辑部副部长，2012年受到学院通报表扬，2013年获该校第十一届"希望杯"学生课外学术科技作品竞赛二等奖。2015年，于香港中文大学可持续旅游专业研究生毕业，11月被某大学录用为旅游学院非事业编制合同制工作人员。

致敬，抗震救灾英雄少年

张春玲、邹雯樱、马健、林浩、甯加驰、韩贵霞、曲柄年，2008年汶川地震时四川、甘肃灾区涌现出的抗震救灾英雄少年，他们为救灾区灾民的生命与财产付出了努力，有的甚至献出了宝贵的生命。

点击阅读

　　2008年6月，为充分反映汶川地震灾区少年儿童在抗震救灾中所表现出的临危不惧、勇于救人的高尚品质，中央文明办、教育部、团中央、全国妇联联合举行了"抗震救灾英雄少年"评选活动。经过层层选拔，四川、甘肃、陕西、重庆4个省（市）受灾地区的50名中小学生成为"抗震救灾英雄少年"候选人。其中林浩等20名同学获得"抗震救灾英雄少年"称号，马小凤等30名同学获得"抗震救灾优秀少年"称号。表彰活动结束后，中央文明办等下发通知，要求全国广大青少年向这些少年学习。地震中，每一个勇敢的孩子都是那么出色，每一个抗震救灾英雄少年都是如此可敬——因为，在天降大灾的时刻，他们都有不同凡响的表现！本书特别展示其中几位英雄少年的感人事迹。

2015年3月，我走访了汶川、映秀、茂县、松潘等地。7年过去，这里的创痛似乎还在，但家园重建起来的美好，和脸上渐渐多起来的笑容，显示了当地人们的坚强与不屈。

在映秀镇，在当地一位从事导游工作灾民的陪同下，在地震原址——漩口中学遗址我看到了当初倒塌的房屋。其中一栋5层的教学楼，几乎就在地震发生的瞬间，5层便只剩下1层。其余4层，都被埋进地下。屋顶则歪躺在地上，上面已经杂草丛生。导游说，就在这栋教学楼的5楼，当时正在上课的陈老师原本完全可以跑出来，但为了学生，他撑在最后，直到屋梁倒下来。救援人员找到遇难的他时，屋梁压在他的身上，他身下还护着2名学生。在地震博物馆，那次地震的所有场景通过电视屏幕还原，包括被地震摧毁、山崩地裂的场景，国家救援、志愿者救援的场景，和外围支持与守护等，让人无限震撼而又感动。

身残志坚的张春玲

张春玲，女，2008年时13岁，四川省平武县石坎小学六年级学生。3岁时，张春玲遭遇了一次意外，以致面部重度毁容，右手每根手指都只剩两节，左手被截肢。地震发生后，听到身后同学的求救声，正在向校外跑着的张春玲迅速地返回去，发现同学杜艳梅被楼板压住了，动弹不得。张春玲抬不动杜艳梅，就捂住她的头帮她止血。听到另一名同学的呼救声，张春玲又跑过去费力地将那名同学背到麦田边。随后，她找来几名群众，共同把杜艳梅救出来。在救人的过程中，张春玲自己却被掉落的石块砸伤肩膀，鲜血直流。

英勇无畏的邹雯樱

邹雯樱，女，2008年时12岁，藏族，四川省汶川县映秀小学五年级学生。品学兼优的邹雯樱4月底曾代表学校参加汶川运动会。地震发生时，以她的奔跑速度，完全可以跑出去。但是作为班长和学校少先队大队长，邹雯樱一直主动地帮助老师组织同学撤离，自觉地留在最后。为了救助其他同学，已经跑到二楼楼梯口的邹雯樱返回去，再也没能出来。当救援人员发现邹雯樱时，她还紧紧地搀扶着一位同班同学。

耐心施救的马健

马健，男，2008年时14岁，四川省汶川县映秀镇漩口中学初三年级学生。地震发生后，马健和同学发现了被掩埋在废墟中的同学向孝廉，他们一起施救了几次，都没有成功。晚上，马健冒着大雨，悄悄地回到学校，蜷缩着身子钻进废墟，用双手将一块块砖头刨开，运出来，又钻进去，再钻出来，匍匐着身体一趟又一趟地进进出出。手磨破了，腿脚也渐渐地不听使唤了，但他没有放弃。四五个小时过去了，双手血肉模糊的马健终于把向孝廉从废墟里刨了出来。紧接着，他又开始寻找其他幸存者。凭着打火机微小的火光，他看到有两位同学被水泥板压住，但没有大型工具无法营救。他立即赶到尚未倒塌的学生食堂，给他们找来水，鼓励两位同学一定要挺住，等待救援人员的到来。

人小志气高的林浩

林浩，男，2008年时9岁，四川省汶川县映秀镇渔子溪小学二年级学生。地震发生的那一刻，林浩被从上面滑落下来的2名同学砸倒在地。作为班长，在被埋在废墟中时，他带领同学一起唱歌，战胜恐惧爬出废墟后，发现一名昏倒的女同学，他立即把那位同学背到安全地带。紧接着，他又一次返回废墟，救出了另一名受伤的同学。在抢救同学的过程中，林浩的头部被砸破，手臂也被严重拉伤。医生给他检查完身体后，他谢绝救助站人员的帮助，自己穿好衣服，和姐姐、妹妹一起从映秀镇步行7个多小时，安全撤离到都江堰市。

先人后己的甯加驰

甯加驰，男，2008年时15岁，四川省都江堰市聚源中学初三年级学生。地震发生后，甯加驰被埋在废墟里。他双膝跪在地上，头和左手被死死地压着，动弹不得，甚至无法正常呼吸。在离他大约3米远的地方，一堆相互交错的预制板之间有一个可容一人出入的洞。"我要过去。"甯加驰不停地扭动脖子，左脸被擦破，终于可以将头侧过来，也能自由呼吸了。这时，右边传来同学曾婧的求救声："甯加驰，救救我。"甯加驰立即伸出能活动的右手，帮助受伤的曾婧一点儿一点儿地移过来，让她躺在自己蜷起的膝盖和肚子之间的空隙里，希望这样能给她最大的保护和帮助。不久后，曾婧被成功救出。而等到甯加驰被救出时，已经是地震发生的5个小时以后。

"小大人"韩贵霞

韩贵霞，女，2008年时15岁，甘肃省舟曲县东山乡石家山小学六年级学生。地震发生之际，韩贵霞不顾个人安危，3次冲入二年级教室，带领大家往外跑，并救出房婷燕等多名同学。接下来的几天，她在家中经常向左邻右舍宣传防震知识。在学校，她积极地和老师们清理校园安全隐患，把学习用品从废墟中翻拣出来送还给同学。发现周围有小同学或小伙伴时，她总是提醒他们到安全的地方玩耍。当得知地震有可能造成水源污染时，她就和小伙伴一起，用铁锹、镢头清理水源，看管牲口，防止水源被破坏。

安全守护者曲柄年

曲柄年，男，2008年时14岁，甘肃省文县碧口二中七年级学生。地震发生后，曲柄年看到学校不远处有2名小学生和1位送孩子上学的老奶奶被困在废墟里，他立刻跑上前去营救。没有工具，他就用稚嫩的双手不停地刨，不停地挖，把被砸的学生从废墟中救出。这时，有几名小学生站在学校前的台阶上，不知道随时都有被砸伤的危险。他立即上前，拉着他们跑到学校操场。从学校出来后，他又看到几名受到惊吓的小学生趴在小树上不敢动弹，赶忙上前把他们扶下来，带到安全地带。

一语道破

张春玲，你身残志坚，临危不惧，用弱小的身躯为同学撑起生的希望。你的心灵是最美丽的，你是我们学习的榜样，向你致敬！

邹雯樱，你以身作则，身先士卒。生命如此年轻就画上了句号，但我们看到，它焕发出了如此耀目的光彩。向你致敬！

马健，你让同学的生命得以延续，也让我们的精神得到鼓舞。向你学习！

林浩，小小男子汉，人小志气高。好样的！

甯加驰，你就是坚强的大山，你就是避风的港湾，你就是可敬的少年英雄！

韩贵霞，你把同学的生命看得比自己的生命更重要，你的选择感动了我们。

曲柄年，你临危不惧，表现出了大丈夫般的英雄气概。为你骄傲！

遇见：2008年6月

后续

这些英雄少年，有的亮相中国国家形象宣传片，入选"新中国成立60周年感动中国人物"。有的进入大学就读；有的成为专业演员；有的回到家乡，坚守在普通的工作岗位。

见你金子般的心，也为谈心栏目由你来主持而高兴。我想即使那个女孩难以获得真正的恢复性整容，她也会永远记得你，从你的信中获得安慰——我相信你那封信写得足够安慰她。

——清华大学中文系教授　杨　民

尘衣的文字里，总有一股非常细腻的柔情，正如我们第一次见面后，她留存给我的印象。而且，一直以来，她坚持以自由的心灵，温婉地解读孩子们的内心世界，或者通过网络解答他们的问题，甚至不遗余力帮助他们达成心愿。她，不愧是孩子们的青春解读人、知心好姐姐。

——红网评论部主任　王小杨

尘衣？非常有热情，对世界怀抱着新奇感。也许是和职业有关，但我更相信，这是人本身具备的力量，只不过在她身上保存得如此鲜美。令人羡慕。

——书评人、策展人　袁复生

用才女来形容尘衣似乎有些泛，但我一时又想不出更好的词儿。她若站在那儿，给人的印象就是暖意融融的阳春三月。走近她，你就会知道这个才女有多么鲜活和精彩！

——资深编辑　青鸟

致尘衣老师感谢词：有一种衣服叫尘衣，有一种相聚叫有约，有一种探秘叫认识，有一种努力叫挽救。尘衣老师用她的文字，用她的心灵，挽救了大量对前路充满迷茫的青少年。

——公益组织　茉莉花论坛

尘衣，很脱俗的名字。尘衣的笑有种孩子似的羞涩和可爱。大多的时候，我看她都很安静。安静的尘衣，有股淡淡的忧愁。所以，我一直很关注这如烟的女子。

——湖南作家网　流水无声

素手看尘衣，天使在人间。

——新浪锐博　HMF